WELT DER SPUREN

WELT DER SPUREN

Anthologie

aus der Reihe „Blickwinkel" Bd. 4

von Teilnehmenden am AutorenForum Trier

herausgegeben von

CTM LeseKultur - Christine Reiter

DEUTSCHE ERSTAUSGABE

Originalausgabe

Copyright © dieser Ausgabe 2019 bei
CTM Lesekultur, Christine Reiter
Redaktion: Christine Reiter

Die AutorInnen sind für ihre Texte ausschließlich selbst verantwortlich. Alle Rechte an den Texten liegen beim jeweiligen Autor / der jeweiligen Autorin.
Copyright © Bucheinband Sabine Moritz, Trier
ISBN: 978-3-947470-32-7

Reihe „Blickwinkel"
Bd.4: „WELT DER SPUREN"
INHALTSVERZEICHNIS

- **Vorwort** — Seite 9
- **Anita Koschorrek-Müller** — Seite 13

Gedankenspuren

- **Jutta Fantes** — Seite 15

Spuren. Ein Schreibprozess

- **Anita Koschorrek-Müller** — Seite 19

Zartbitter

- **Frank Andel** — Seite 29

Der Geist in der Maschine

- **Regina Stoffels** — Seite 41

Das sechste Gebot

- **Alfred Schilz** (Fred Niklas) — Seite 47

Der Wahrheit auf der Spur

- **Anita Koschorrek-Müller** — Seite 53

Gedankenspuren

- **Heike Siemann** — Seite 55

Die Spur auf dem Asphalt

- **Sabine Moritz** — Seite 61

Klage eines Augenblicks

— Ein Rätsel —

- **Anne Becker** — Seite 63
Immer der Magie nach
- **Marita Lenz** — Seite 69
Das rote Geländer
- **Lisa Neunkirch** — Seite 73
Glück am Meer
- **Elisabeth Minarski** — Seite 75
Sprachspuren
- **Marita Lenz** — Seite 79
Philosophie eines Steins
- **Jutta Fantes** — Seite 81
Metamorph
- **Anita Koschorrek-Müller** — Seite 91
Auf Zuckmayers Spuren
- **Frank Andel** — Seite 97
Die Macht fremder Herzen
- **Christine Reiter** — Seite 113
Schmale Spur zur zweiten Chance
- **Anita Koschorrek-Müller** — Seite 119
Gedankenspuren
- **Sabine Moritz** — Seite 121
Was mir blieb ...
- **Regina Stoffels** — Seite 123
Das Schneebad

- **Alfred Schilz** (Fred Niklas)   Seite 131
Das einsame Kreuz am Feldweg
- **Marita Lenz**   Seite 141
Mystisches Moor
- **Lisa Neunkirch**   Seite 143
Mut zur Stärke
- **Jutta Fantes**   Seite 153
Novemberblues
- **Anita Koschorrek-Müller**   Seite 157
Falsche Fährte
- **Frank Andel**   Seite 173
Lebendig begraben
- **Alfred Schilz** (Fred Niklas)   Seite 195
Spuren, die sich verlieren!
- **Anita Koschorrek-Müller**   Seite 201
Gedankenspuren
- **Heike Siemann**   Seite 203
Die alte Schule
- **Sabine Moritz**   Seite 207
Symphonie
- **Herbert Linne**   Seite 215
Abschied
- **Regina Stoffels**   Seite 219
Dämmerung

- **Marita Lenz**   Seite 221
Kanufahrt am Limit
- **Lisa Neunkirch**   Seite 231
Gedankenspuren
- **Dank**   Seite 235
- **AutorInnen**   Seite 237
- **Bereits erschienen**   Seite 245

VORWORT

Die Monate haben es eilig. Die Jahre haben es noch eiliger. Und die Jahrzehnte haben es am eiligsten. Nur die Erinnerungen haben Geduld mit uns. Besonders dann, wenn wir mit ihnen Geduld haben.

So Erich Kästner in seinen Memoiren *Als ich ein kleiner Junge war*, wo er dann auch Erinnerungen festhält – Erinnerungen nicht an besondere Taten oder Streiche; nein, es sind alltägliche Erlebnisse, an die sich der Autor erinnert. Und er erzählt diese Erlebnisse für Kinder, die sie dann wiederum in Erinnerung behalten.
Erinnerungen sind also etwas Bleibendes, etwas, das wir bis an unser Lebensende mit uns tragen. Sie prägen unser Leben und existieren auch nach unserem Tod weiter.

Erinnerungen hinterlassen *Spuren*.

Aber auch Verletzungen können Spuren im Leben eines Menschen erzeugen. Verletzungen physischer wie auch psychischer Art prägen ein Menschenleben. Durch einen Auto- oder Motorradunfall muss ein Mensch vielleicht lernen, mit einer Behinderung zu leben. Der Seitensprung eines Partners veranlasst ein Paar, seine Beziehung neu zu überdenken, gibt den Liebenden eine Chance - oder aber man trennt sich. Nicht nur in der Roman- und Filmwelt bringt der Betrogene manchmal die Partnerin um …

Apropos: Was wäre die Kriminalistik ohne Spuren! Es werden Tatortspuren untersucht, um DNA-Spuren des Täters, seinen „genetischen Fingerabdruck", zu finden. Auch das Opfer kann auf diese Weise identifiziert werden.

Spuren können Hinweise auf den möglichen Aufenthaltsort des Flüchtenden geben.

Spuren leisteten auch immer schon im täglichen Leben Hilfestellungen. Wie war das noch bei Hänsel und Gretel? Ach ja, Hänsel streute heimlich Kieselsteine, legte mit diesen eine Spur, welche den Kindern später den Heimweg anzeigte.

Generell prägen Spuren das tägliche Leben. Spuren von Nüssen im Essen können Allergien auslösen, Spuren von Knoblauch verursachen bei so manchem Übelkeit.

Ob Rehe, Füchse, Wildschweine ... jedes Tier hinterlässt im Wald seine eigene Spur. Zwar sind die am besten an einem winterlichen Morgen im Neuschnee zu erkennen, doch Spuren scheuer Wildtiere findet man ganzjährig in der Erde, im Schlamm, im Sand. Wir brauchen lediglich die Spuren richtig zu lesen, um mehr über die heimischen Wildtiere zu erfahren.

Ob in der realen Welt oder in unserer Fantasie – Spuren gibt es überall!

Autobiografische Erzählungen, Fantasy- und Kriminalgeschichten, Gedichte und auch Aphorismen in diesem Buch laden dazu ein, Spuren eines Verbrechens, eines Flüchtenden, von Lebewesen aller Art zu erkennen und zu verfolgen; Gedankenspuren regen dazu an, über das Leben im Allgemeinen oder aber über das eigene Leben im Speziellen nachzudenken.

Gelegt wurden die Spuren dieses vierten Bands der Anthologiereihe „Blickwinkel" von Menschen, die gern schreiben, die ihrer Fantasie freien Lauf lassen. Sie treffen sich regelmäßig in einem Forum, um ihre Texte vorzustellen und darüber zu diskutieren. Die Ergebnisse der gemeinsamen Arbeit werden jährlich in der Anthologie-Reihe „Blickwinkel" vorgestellt.

Interessierte sind herzlich zur Teilnahme an den Informationsveranstaltungen des AutorenForums Trier eingeladen! Infos unter: www.lese-kultur.com

Trier, im November 2019 *Christine Reiter*

Vorsicht! – Buch!
Kann Spuren von Fantasie enthalten.

Anita Koschorrek-Müller

SPUREN. EIN SCHREIBPROZESS

Jutta Fantes

Nichts, aber auch gar nichts hinterlässt keine Spuren. Zu diesem Schluss bin ich mittlerweile gekommen. Seit Wochen spukt der Begriff „Spuren" in meinem Kopf herum. Er soll zu einem Text für die Anthologie unseres Autorenforums werden. Welche Art von Text, egal. Hauptsache „Spuren" – damit passt er thematisch in unser nächstes Buch, das im kommenden Jahr zur Weihnachtszeit auf den Markt kommen soll. Und mein Text fehlt noch. Aber er fehlt nicht nur, weil ich ihn noch nicht abgegeben habe, nein, er fehlt, weil er noch nicht vorhanden ist. Er hat sich noch nicht geformt im Kopf, bis jetzt.

An diesem Morgen fuhr ich im Nebel und bei drei Grad Außentemperatur spazieren, fuhr am Haus meines Bruders vorbei, der mittlerweile mit seiner Familie in Portugal lebt, fuhr eine Strecke ab, die ich dreißig Jahre lang fünfmal in der Woche zur Arbeit gefahren bin, hielt beim Bauern an und kaufte Kartoffeln und Zwiebeln und Rotkohl, hielt ein Schwätzchen mit der Bäuerin, die in dickem Pullover und Kittelschürze, ollen Bergschuhen mit dicken Strümpfen und blauer Wollmütze mit weißem Schneeflockenmuster draußen vor dem Tor stand. Beim Blick auf ihre Hände sind mir ihre vielen Schrunden aufgefallen, Spuren, die das Leben auf dem Bauernhof hinterlassen hatte.

Und dann waren sie da, die Gedankenschösslinge

über Spuren, die nun auf der Heimfahrt kreuz und quer durch mein Hirn schießen sollten.

Erst überlegte ich noch, was ich alles zu tun haben würde, wenn ich nach Hause käme. Ich wollte den ersten Stollen backen, schließlich war schon Mitte November vorbei, und ein Stollen muss reifen. Mindestens vier Wochen lang – hatte meine Oma mich gelehrt. Dann hatte ich vor, aus einem frischen Kohlkopf ein Rotkohlgemüse zu kochen. Mit Äpfeln, Nelken, Salz und einer Prise Zucker. Und das Ganze dann in Gänseschmalz in Omas Eisenbräter langsam schmoren. Meinen ersten Rotkohl hatte ich mit zwölf im holzbefeuerten Küchenherd meiner Oma gekocht, eine Kunst, denn weder die Herdplatte noch das Ofenschäffchen hielten eine gleichbleibende Temperatur. Aber mein Rotkohl gelang und mein Vater sagte damals grinsend zu mir: „Dein Rotkohl ist sehr lecker! Dann kannste ja jetzt heiraten ...!" Ich hatte ihn wohl etwas konsterniert angeguckt, aber meine Oma erklärte mir dann, dass früher die Mädchen eben kochen können mussten vor der Hochzeit. Und bei ihnen im Saargau war das erfolgreiche Kochen von Rotkohl ein Indiz gewesen, dass ein Mädchen heiratsfähig war.

Aber egal, ich war noch immer auf dem Nachhauseweg, und mir war klar, dass ich jetzt weder kochen noch backen würde – ich würde mich an den Tisch setzen und schreiben. Würde meine Gedanken niederschreiben, würde den Spuren auf den Grund gehen, die auf meiner Seele und meinem Körper hinterlassen wurden in den bis dato fast sechzig Jahren.

Ja, auch mein Körper weist Spuren auf, und das

nicht zu knapp. Meinen Umzug nach Luxemburg vor vielen Jahren verbrachte ich im Krankenhaus mit gebrochenem linkem Knie. Eine über zehn Zentimeter lange Narbe und Knieschmerzen bei Wetterwechsel erinnern mich regelmäßig an den heißen Freitagvormittag, an dem ich morgens im Büro ausrutschte – weil in Eile, weil früh nach Hause, weil Umzug – und dann drei Wochen im Krankenhaus und acht lange Wochen mit Gips zuhause verbringen durfte. Mein damals zukünftiger und mittlerweile ehemaliger Göttergatte hat nicht nur ein bisschen geflucht ...

Auch meine Tochter hinterließ Spuren. Trotz cremen und zupfen entstanden Schwangerschaftsstreifen, die zwar verblasst, aber noch immer hell schimmernd sichtbar sind. Ganz zu schweigen von einer Narbe am rechten Knie, die ich mir zuzog, weil mein Bauch zu dick, die Straße zu abschüssig und voll mit Rollsplitt war.

Der Anblick und Geruch von Osterglocken bringt mir den herrlichen Frühlingssonntag wieder ins Gedächtnis, als ich an der Hand meines Großvaters durch unseren sonnenbeschienenen und nach Osterglocken duftenden Garten lief. Er zeigte mir an diesem Tag, wie man gefahrlos Bienen, die auf Blüten sitzen, vorsichtig streicheln kann.

Ich sitze also mittlerweile zuhause, ausnahmsweise am PC, die Spülmaschine brodelt leise vor sich hin, mein Hund schnarcht auf seiner Decke, manchmal kommt sogar ein Fiepser aus diesem Riesenmonsterhund heraus. Auch mein Tinnitus im linken Ohr fiept rhythmisch vor sich hin, während ich zu dem Schluss komme, dass im Grunde alle meine Erinnerungen nichts Anderes sind als Spuren auf meiner Seele, die irgendwann vor langer Zeit unbeschrieben war wie ein CD Rohling, und Narben nichts anderes als Erinnerungen, die sich im Körper manifestiert haben.

Beim Durchlesen des soeben Geschriebenen muss ich lachen – ich höre euch, meine lieben Mitschreiberinnen und Mitschreiber unken: „Schreibt sie da nicht schon wieder von Küche und Kochen?" Ihr seht, sogar ihr habt in der kurzen Zeit unseres Zusammenseins schon Spuren bei mir hinterlassen und ich möglicherweise auch bei euch.

ZARTBITTER

Anita Koschorrek-Müller

„Onkel Gregor ist gestorben." Dieser Satz löste in Marie eine Welle von Emotionen aus, Gefühle, die sie verdrängt hatte und die jetzt mit aller Macht über sie herfielen.

„Wir räumen am Wochenende das Haus", hatte Tante Josefa ihr mitgeteilt. „Komm doch vorbei. Vielleicht möchtest du irgendetwas aus dem Nachlass haben, Klaviernoten oder was auch immer." Tante Josefa wirkte hektisch, schien damit überfordert, den Haushalt ihres Bruders auflösen zu müssen. Marie hatte die Tante immer sehr gemocht und wollte deren Bitte nicht abschlagen.

Nun stand sie vor der alten Villa mit dem gepflegten Garten, in der Onkel Gregor sein ganzes Leben verbracht hatte. Nie mehr hatte sie dieses Haus betreten wollen. Doch warum stand sie jetzt hier? Warum hatte sie keine Ausrede benutzt? Warum hatte sie Tante Josefa nicht einfach gesagt, sie würde verreisen oder hätte kein Interesse an Dingen aus Onkel Gregors Nachlass? Warum wollte sie sich quälen? Ihr Blick fiel auf die alte Haustür aus Eichenholz. Sie sah die rautenförmig angeordneten schmalen Bretter und das in den oberen Teil der Tür geschnitzte Blumendekor. Nichts hatte sich verändert, außer dass das Holz etwas verwittert aussah und dringend einen neuen Anstrich benötigte.

Marie drückte den Klingelknopf und der Dreiklang, der jetzt zu hören war, versetzte sie in Panik, katapultierte sie in die Vergangenheit, in der ihr Onkel Gregor Klavierunterricht erteilt hatte. Sie fröstelte, obwohl ihr die Sonne, die an diesem milden Herbsttag vom blauen Himmel schien, den Rücken wärmte.

Der Türöffner summte. Sie trat ein und nahm den leicht muffigen Geruch wahr, der das düstere Treppenhaus erfüllte – genau wie damals, vor mehr als dreißig Jahren, einmal wöchentlich.

Die Tante kam ihr entgegen und umarmte sie. „Wie schön, dass wir uns mal wiedersehen, wenn der Anlass auch ein trauriger ist. Wie geht es dir? Ich hab gehört, du wohnst nicht mehr in der Stadt."

„Hallo Tante Josefa, ja, ich bin vor fünf Jahren weggezogen. Wie geht's dir denn?"

„Na ja, wieder etwas besser. Hab mich die letzten Jahre viel um meinen Bruder gekümmert. Er wäre in einer Pflegeeinrichtung vermutlich besser aufgehoben gewesen, aber davon wollte er nichts wissen. So habe ich mich der Aufgabe gestellt. Es war nicht immer einfach. Gregor konnte ja so stur sein. Aber nun ist es vorbei. Ich wollte dich benachrichtigen, als er verstorben war, aber ich hatte keine Adresse. Du wärst sicher gerne zur Beerdigung gekommen."

Marie konnte nicht antworten, weil ihre Stimme versagte. Daher nickte sie nur stumm. Die Vorstellung, an Onkel Gregors offenem Grab zu stehen und vielleicht eine Blume auf den Sarg zu werfen, bereitete ihr körperliches Unbehagen. Ihre Nackenmuskulatur versteifte sich und in ihrem Verdauungstrakt herrschte Aufruhr.

„Komm mit", sagte die Tante und zog sie am Arm hinter sich her. „Du wirst dich freuen, wenn du siehst, wer da ist."

Sie betraten das Wohnzimmer mit dem angrenzenden Musikzimmer. Marie sah die alten Möbel und die dunkelgrüne Streifentapete. Sie fühlte sich klein, sehr klein, doch sie war nicht mehr das achtjährige blonde Mädchen, das sich anfangs doch so sehr auf den Klavierunterricht gefreut hatte. Auf dem Tisch und den Sitzmöbeln stapelten sich Bücher und Hefte. Die Schranktüren waren geöffnet und auf dem Boden standen Pappkartons.

„Na, kennst du sie noch?", fragte die Tante und führte Marie zu einer Frau, die, von ihnen abgewandt, am Klavier stand.

Die Frau drehte sich um. Es war Anna, Maries Freundin aus der Grundschule. Die blonde Anna, die schon immer sehr groß gewesen war und sie nun, als erwachsene Frau, um Haupteslänge überragte.

„Mensch Anna, lange nicht gesehen."

Anna kam mit ausgebreiteten Armen auf sie zu. „Marie, wie schön!"

„Also, Mädels, schaut euch um, ob ihr was haben möchtet. Ich bin froh um jedes Teil, das noch Verwendung findet und nicht im Container landet. Wenn ihr mich braucht, ich bin eine Etage höher. Aber vertrödelt jetzt nicht die Zeit mit Schwätzen. Ich muss in einer Stunde leider weg, hab einen Termin am Amtsgericht. Ihr glaubt ja nicht, was man bei so einem

Sterbefall alles zu regeln hat", sagte Tante Josefa, verließ den Raum und ihre Schritte verhallten im Treppenhaus.

Marie schaute Anna an und grinste. „Siehst gut aus. Bist gar nicht mehr die Bohnenstange von früher."

„Und du nicht mehr der kleine Wonneproppen."

„Hat sich ausgewachsen. – Aber wir könnten nachher, wenn wir hier fertig sind, noch zusammen 'nen Kaffee trinken. Gibt sicher viel zu erzählen."

„Das ist eine gute Idee. Lass uns jetzt erst mal schauen, ob wir was gebrauchen können."

Das Gefühl der Beklommenheit, das Marie beim Betreten des Raumes überkommen hatte, war in den Hintergrund gerückt. Annas Anwesenheit hatte das wohl bewirkt.

Sie ging zu dem kleinen Tisch vor dem Fenster, auf dem stapelweise Notenhefte lagen.

„Schau mal! Kennst du das noch?" Marie reichte der Jugendfreundin ein Heft *Meine ersten Fingerübungen*

„Klar!" Anna blätterte. „Was ist das alles schon so lange her."

„Spielst du noch?", fragte Marie.

„Gelegentlich, obwohl ich, als ich erwachsen war, nochmal Unterricht hatte, hab ich es nicht sehr weit gebracht. Aber meine Kinder kriegen jetzt Klavierunterricht."

„Du hast Kinder?"

„Ja, drei."

„Das ist ja toll. Und sind die alle musikalisch?"

„Mehr oder weniger. Der Kleine hat, glaube ich, richtig Talent, so wie du. Dein Onkel Gregor hat mir dich immer als leuchtendes Vorbild vor Augen gehalten. Du wärst die beste Klavierschülerin gewesen, die er je unterrichtet hatte. Hast du denn was aus deinem Talent gemacht?"

„Nee, ich hab damals schon mit dem Klavierspielen ganz aufgehört. Ich sollte noch bei einem anderen Lehrer weitermachen, aber ich wollte nicht."

„Warum?"

Marie zuckte die Schultern. „Aber letztes Jahr habe ich wieder angefangen", sagte sie, „und jetzt will ich Gelerntes wieder auffrischen."

Die beiden Frauen nahmen jeweils eine der Plastiktüten, die Tante Josefa wohl bereitgelegt hatte, und verstauten mehrere Notenhefte und auch einige Bücher.

„Hier! Das ist was für deine Kinder", sagte Marie und sortierte ein paar Hefte für Anna aus. Schon bald waren die Tüten gefüllt.

Marie öffnete die antike Kommode, auf der die Büste Franz Schuberts thronte. Sie blickte in die Schublade und erstarrte.

Anna kam näher und schaute über Maries Schulter in die offene Lade.

„Was ist?"

„Nix", antwortete Marie und ihre Stimme klang heiser.

In der Schublade lagen mehrere Tafeln Schokolade. Anna nahm sie heraus, legte sie auf die Kommode, eine auf die andere und zählte leise vor sich hin.

„Sieben", sagte sie. „Zartbitter."

Sie nahm die letzte Tafel vom Stapel und schaute nach dem Mindesthaltbarkeitsdatum. „Noch nicht abgelaufen."

Marie starrte erst auf Annas Hände und dann auf die siebte Tafel, die ihr entgegen gehalten wurde.

„Willst du?"

„Ich esse keine Schokolade", presste Marie hervor.

„Sehr lobenswert", antwortete Anna und riss die Verpackung auf. Das Silberpapier knisterte. Sie brach erst eine Rippe ab, dann ein Stückchen und schob es in den Mund. „Schokolade macht glücklich und fett", stellte sie grinsend fest, während sie sich über die Lippen leckte.

Marie stand reglos da, wie versteinert, während Anna Onkel Gregors Schokolade aß.

Das Zimmer begann sich zu drehen, der Boden wankte. Wie gebannt starrte sie auf Annas Mund, sah das Kauen, das Lecken und Schlecken. Plötzlich sah sie Onkel Gregors Mund, schmallippig, die krummen, gelben Zähne, und kämpfte mit einer aufkommenden Übelkeit.

„Ist dir nicht gut?", fragte Anna und zog den Klavierhocker herbei. „Setz dich."

Marie nahm auf diesem Hocker Platz, auf dem sie schon so oft gesessen hatte, während Onkel Gregor seine Hände auf ihre Schultern legte – magere Hände mit langen Spinnenfingern.

„Du hast fein gespielt, mein Prinzesschen. Und jetzt gibt es eine Tafel Schokolade. Wer so fleißig übt, bekommt auch eine Belohnung."

Das waren Onkel Gregors Worte gewesen, während seine Spinnenfinger über ihren Rücken wanderten und immer weiter …

Er schenkte ihr am Ende der Unterrichtstunde immer eine Tafel Schokolade und sie nahm sie an. Die Eltern hatten ihr eingeschärft, dass man nichts von Fremden annehmen darf, aber Onkel Gregor war ja nicht fremd.

Marie schloss für einen kurzen Moment die Augen, griff sich an den Hals, rang nach Luft. „Ich muss hier weg!", stieß sie mit schriller Stimme hervor. „Sofort!"

Anna schaute Marie eine kleine Ewigkeit an und verstand.

„Das Schwein. Wie lange hattest du bei ihm Unterricht?"

„Vier Jahre. Und du?"

„Vier Monate. Kein Talent und der Unterricht war meinen Eltern dann doch zu teuer – Gott sei Dank."

Anna ergriff Maries Hand.

„Komm, wir gehen", sagte sie und jede von ihnen nahm eine der prall gefüllten Tragetüten.

Tante Josefa erschien in der Tür.

„Und? Habt ihr was gefunden?"

„Ja", antwortete Anna. „Wir wollten uns verabschieden."

„Das ist schön. Ich muss jetzt auch gleich los. Kann ich euch noch ein Stück mitnehmen oder seid ihr mit dem Auto da?"

„Mein Auto steht im Parkhaus am Bahnhof", antwortete Anna. „Das ist nicht weit. Komm, Marie, wir gehen und danke."

Ein Händedruck, ein Lächeln, Tante Josefa war in Eile. „Marie, melde dich doch, wenn du mal wieder in der Stadt bist."

Marie nickte und ließ sich von Anna aus dem Zimmer führen, über die Treppe, zur Haustür hinaus, durch den Garten, zur Straße. Sie warf einen Blick zurück auf diese schöne, alte Villa, in der so viel Unaussprechliches geschehen war.

Schweigend, schnellen Schrittes gingen die Jugendfreundinnen die Straße entlang. Der Wind blies das Herbstlaub vor ihnen her.

„Wo musst du denn hin?", fragte Anna und hielt an.

„Ich weiß nicht."

„Wie, du weißt nicht?"

Marie setzte die Tragetüte ab. Ihr Arm schmerzte.

„Ich kann nicht mehr."

Sie massierte ihre verkrampfte Hand, versuchte die verspannte Armmuskulatur zu lockern.

„Komm, gib her. Ich trage sie", bot Anna an und bückte sich nach Maries Tüte.

„Nein, lass nur, es geht schon."

Marie nahm die Last wieder auf. Sie gingen langsam weiter.

„Ich hätte nicht kommen sollen, aber ich dachte, ich wäre so weit und könnte einen Schlussstrich ziehen – jetzt, wo er tot ist."

„Hast du schon mal an eine Therapie gedacht?", fragte Anna.

Marie lachte heiser auf.

„Ich bin seit Jahren in Therapie. In letzter Zeit ging es mir besser. Ich dachte, ich hätte es geschafft, doch die

Spuren, die das alles hinterlassen hat, kann man nicht auslöschen. Man lernt damit umzugehen, aber ..."

Ein Müllwagen bog in die Straße ein und fuhr im Schritttempo neben ihnen her. Der Lärm des Fahrzeuges ließ sie verstummen. Der Motor brummte, die Hydraulik zischte. Die Müllmänner unterhielten sich lautstark und zerrten große, schwere Tonnen rumpelnd über das Kopfsteinpflaster. Schweigend beobachteten die beiden Frauen die Männer bei ihrer Arbeit.

Doch plötzlich nahm Anna Marie die Tragetüte aus der Hand, rannte mit ihrer eigenen und Maries Tüte los und öffnete eine der Tonnen für Altpapier, die am Straßenrand zur Abholung bereitstanden. Die erste war bis zum Rand gefüllt, in der zweiten war noch Platz. Mit Schwung leerte sie die Tragetüten mit der schweren Last aus und schlug den Deckel zu.

Marie stand mit offenem Mund da und sah, wie das Müllauto nun heranrollte, die Papiertonnen von den Männern in den orangefarbenen Hosen über die Straße gezerrt wurden. Dann verschwand der belastende Inhalt im Bauch des großen Autos, das die Aufschrift trug:

AUS ALT MACH NEU!
Zukunftslösungen für Vergangenheitsprobleme

„Jetzt hast du die Sachen, die wir für deine Kinder rausgesucht haben, auch weggeschmissen", stellte Marie fest, während der Müllwagen langsam davonfuhr.

„Mach dir darüber mal keine Gedanken. Ich hätte die Vorstellung, dass meine Kinder Dinge anfassen, die diesem Schwein gehört haben, sowieso nicht ertragen."

Marie gelang ein schiefes Grinsen. Sie fühlte sich leicht und leichter, je weiter sich der Müllwagen entfernte. Anna nahm sie an die Hand.

„Komm, wir tun uns jetzt was Gutes. Hast du Hunger?"

„Weiß nicht."

„Aber ich. Du hast die Wahl. Wonach ist dir? Pizzeria oder Konditorei?"

„Prosecco."

„Auch gut." Anna lachte. „Damit fangen wir an und dann sehen wir weiter."

DER GEIST IN DER MASCHINE

Frank Andel

Hundegebell riss Joe Carson aus dem Schlaf. Er öffnete die Augen, richtete sich langsam auf und blickte sich verschlafen um. Er brauchte einen Augenblick, bis er wusste, wo er war. Die Fernsehwand flimmerte und zeigte Werbesendungen für interstellare Reisen und Robo-Küchenhilfen. Auf dem Wohnzimmertisch befanden sich leere Bierflaschen und eine geöffnete Kunststoff–Schachtel mit Pizzaresten. Draußen war es bereits dunkel.

Schon Nacht? Ach, je. Wieder auf dem Sofa eingeschlafen. Das wird ja langsam zur Gewohnheit.

Nicht, dass es wirklich jemanden gestört hätte. Seine Frau Karen war sowieso nicht da, sie war in der Stadt. Joe war allein. Er fühlte sich schon lange allein.

Sein Hund Isaac stand kläffend vor der Haustür. Joe schlurfte hinüber und öffnete die Tür. Sofort flitzte Isaac in die Dunkelheit hinaus. Für einen Augenblick spähte Joe nach draußen, konnte aber nichts Ungewöhnliches erkennen. Er hörte Isaac noch ein paar Male bellen, dann gab dieser plötzlich Ruhe. Sehr gut, wahrscheinlich hatte er nur irgendein Tier gewittert. Bei einem fremden Menschen hätte Isaac weitergebellt. Auf ihn war diesbezüglich Verlass.

Joe lehnte die Tür an, um die Kälte draußen zu lassen, aber Isaac die Möglichkeit zu geben, wieder ins Haus zu gelangen, wenn ihm danach war. Dann betätigte er die automatischen Rollladen, schaltete die Fernsehwand aus, räumte die Sachen zusammen und ging in Richtung Küche. Als er ein Klacken hörte, verharrte er und blickte sich um. In seiner Gedankenlosigkeit hatte er ein gerahmtes Holo-Foto von einer Kommode gestoßen und für einen kurzen Augenblick spürte er Panik und Schuld, als er erkannte, um welches Bild es sich handelte. Er hob es rasch auf. Darauf waren seine Frau und ihre gemeinsame Tochter Erica zu sehen, die lachend in die Kamera blickten. Das Foto hatte er vor vier Jahren aufgenommen. Seinerzeit waren sie nur jeden Sommer hierhergekommen. Das war ihr letzter gemeinsamer Urlaub vor ...

Ein Stich fuhr ihm durchs Herz und seine Hand zitterte. Es schmerzte noch immer, selbst nach so langer Zeit. Wahrscheinlich würde es nie wirklich besser werden. Behutsam stellte er das Bild zurück an seinen Platz auf der Kommode.

Er schlurfte in die Küche und räumte das Geschirr in die Spülmaschine. Die übrigen Pizzastücke verstaute er im Kühlschrank.

Aus dem Augenwinkel bemerkte er plötzlich ein Flackern. Für einen Moment dachte Joe, er hätte die Fernsehwand nicht richtig ausgeschaltet. Doch dann erkannte er, dass das Flackern nicht aus dem Wohnzimmer kam, sondern von draußen. Verwundert ging er ans Küchenfenster und schaute hinaus. Er sah ein blau flackerndes Licht im Hof. Der Energie-Generator hinter dem Haus summte ungewöhnlich laut und grelle Lichtblitze strömten aus einem Kabel. Eine dunkle Gestalt kniete direkt davor.

Wieder so ein verdammter Energiedieb! Na, warte!

Joe zog seinen Mantel über und packte seine Plasmaflinte, die stets geladen an der Wand hing. In dieser Gegend konnte man nicht vorsichtig genug sein. Warum hatte er nur seine Roboter-Werkstatt in Neo Sydney aufgegeben und war endgültig aufs Land gezogen?

Aber natürlich kannte er den Grund. Immerhin war Karen deshalb fort, um sich behandeln zu lassen. Die Sache mit ihrer Tochter machte ihr noch immer zu schaffen, genauso wie ihm.

Joe stürmte aus dem Haus und über den staubigen Hof, entsicherte dabei die Waffe. Doch dann bemerkte er, dass sein Hund bei der fremden Person saß. „Isaac!", herrschte er ihn an. „Was machst du da? Du sollst mir doch helfen, diese verdammten Diebe zu verjagen!"

Isaac warf ihm nur einen Blick zu und schaute wieder schwanzwedelnd auf die Gestalt, die eine blendende, blau strahlende Aura umgab und über ein Kabel mit dem Generator verbunden war. Das konnte doch nicht wahr sein! Kein Mensch konnte unbeschadet einen Generator direkt anzapfen!

Joe hob die Flinte und knurrte: „Verschwinde sofort von meinem Hof, Junge, oder du kannst was erleben!"

Manchmal reichte das schon, heute jedoch nicht. Die Gestalt am Generator rührte sich nicht. Joe gab einen Warnschuss in die Luft ab und das abgefeuerte Energieprojektil erhellte für einen Augenblick die Nacht mit einem weißen Flackern. „Verschwinde!"

Nun ließ das Summen des Generators nach und es wurde dunkel. Joe knipste die kleine Lampe an seinem Gewehr an, doch sie flackerte und erlosch. Ihm stockte der Atem. Die Gestalt, krumm, mit zwei blau leuchtenden Augen, wandte sich um und starrte ihn an, während sie sich langsam aufrichtete und das Kabel aus ihrem Handgelenk zog. Joe wich unwillkürlich zurück. *Du meine Güte!* War das etwa einer dieser furchtbaren Mutanten, die nach dem Hyper-Oxan-Vorfall draußen im Outback hausten? Das hatte ihm gerade noch gefehlt! Man sagte, sie seien verdammt schnell und tödlich. Langsam spannte er den Finger um den Abzug der Waffe.

Doch als das Licht der Lampe plötzlich wieder aufflammte, erkannte er zu seiner Überraschung eine junge Frau mit straffen Zügen, die das Kabel rasch in ihrer Jakkentasche verschwinden ließ. Mit ihren langen, dunklen Haaren und der Lederjacke sah sie aus wie die Mädchen in der Bar, in der er manchmal versuchte, seinen Verlust in Alkohol zu ertränken. Aber sie wirkte anders: weniger gewöhnlich, ihre blauen Augen strahlten Intelligenz und Empfindsamkeit aus. Joe hatte sie nie zuvor gesehen, aber etwas in ihrem Blick wirkte seltsam vertraut.

„Nimm die Waffe runter, Paps", sagte sie mit rauer Stimme und für einen Augenblick gehorchte er ihr sogar unwillkürlich. Dann hob er jedoch wieder die Waffe. ,*Paps'? So eine Frechheit! Ich bin zwar schon über vierzig, aber* so *alt ist das ja auch wieder nicht! Diese verdammten Dorf-Kids! Erst bestehlen sie mich und dann verspotten sie mich auch noch!*

Bisher hatte ihn nur seine Tochter ,Paps' genannt, aber bei ihr war es kein Spott gewesen.

„Ich tue dir nichts", sagte die Frau. „Ich *kann* dir nichts tun."

Joe griff das Gewehr fester. „Ach ja? Wer bist du?"

„Mein Name ist ..." Sie zögerte für einen Augenblick. „Anima."

Seltsam, von irgendwoher kam ihm dieser Name bekannt vor, aber er konnte ihn nicht einordnen. Vielleicht lag es an der frühen Morgenstunde, vielleicht auch an seinem leichten Kater.

„Was willst du?", fragte Joe. „Hier gibt es nichts zu holen!"

Plötzlich begann die Frau einfach draufloszureden: „Tut mir leid! Ich wollte dich erst um Erlaubnis fragen, bevor ich mich am Generator bediene, aber dann hatte ich plötzlich Hunger und ..."

Joe fuhr zusammen und senkte das Gewehr. Wie sie verlegen mit dem Fuß über den Boden scharrte, den Kopf senkte und die Worte aus ihr heraussprudelten, erinnerte sie ihn an seine Tochter, wenn sie etwas angestellt hatte. Aber Erica war vor vier Jahren gestorben. Ihr Herz hatten sie dem Hikari-Institut für karitative Zwecke gespendet – wie man das nun mal machte. Menschliche Organe waren sehr gefragt und wurden nicht vergeudet. Aber wieso brachte er diese fremde Frau mit seiner Tochter in Verbindung?

Eigentlich sah diese Anima seiner Tochter nicht besonders ähnlich: Erica war erst acht Jahre alt gewesen, als sie verunglückte, und sie hatte braune Augen und dunkelbraunes Haar gehabt. Aber dennoch: Der feinfühlige Ausdruck von Animas Augen ähnelte Ericas Blick auf beunruhigende Weise.

„Schon gut", sagte er, nur um plötzlich verblüfft zu fragen: „Was ‚Hunger'? Das ist Hyperstrom! Wie hast du...?" Da dämmerte es ihm. „Du bist kein Mensch? Was bist du? Ein Roboter? Ein Androide?"

Für einen Augenblick verzog sie missbilligend das Gesicht. „Ich bevorzuge die Bezeichnung mechanische Person", sagte sie mit einem Anflug von Kränkung in der Stimme.

„Warum bist du hier?"

„Ich will die Wahrheit über mich herausfinden", entgegnete sie und klang beunruhigt. „Seit ein paar Wochen habe ich diese seltsamen Träume von dieser Farm. Der Berg da hinten, ich habe ihn bereits gesehen, ebenso die Schlucht. Ich kenne den Hund, ich kenne das Haus, die Scheune, die Generatoren, die Namen der Kühe, deine Frau, sogar dich – und ich weiß nicht, warum. Da hinten neben der Eiche befindet sich eine Zeitkapsel unter der Erde. Sie enthält eine Landkarte, Fotos deiner Familie, ein kleines Plastik-Pferd ..."

„Genug!"

Sie zuckte zusammen, während Joe fast aus allen Wolken fiel. „Woher weißt du das alles? Arbeitest du für die Regierung? Bist du eine Spionin?"

„Nein."

„Von der Zeitkapsel wussten nur meine Tochter und ich!", sagte er aufgebracht. „Das war unser Geheimnis! Und meine Tochter ist ... sie ist ... *tot*! Woher weißt du das alles?"

„Ich habe es in meinen Träumen gesehen. Ich wusste sogar, wo ich diesen Ort finde."

Er hob wieder das Gewehr. „Wer schickt dich?"

„Niemand schickt mich."

„Woher kommst du?"

„Ich komme vom Hikari-Institut."

„Was? Denen haben wir doch das Herz unserer Tochter gespendet."

Da fiel ihm eine Tätowierung an ihrem Hals auf: Alpha 8-3-12. War das nicht die Nummer, die damals auf dem Organspendeantrag gestanden hatte? Ihm kam ein Verdacht und er tat einen Schritt auf sie zu. Im Licht der Lampe sah sie so menschlich aus – nicht wie die Roboter, die er kannte, die klobigen Toaster der ersten Generation und die beweglichen Schaufensterpuppen mit Haut aus angemaltem Kunststoff, die Menschen imitieren sollten, der zweiten Generation.

„Was für eine Energiequelle hast du?", fragte er, während er seine Waffe sicherte.

Anima schob einfach ihr Oberteil hoch und presste seine Hand auf ihre nackte Brust. *Eine wirklich perfekte Nachbildung*, dachte Joe und bemühte sich, nicht rot zu werden. Einer normalen Frau hätte die Situation sicher etwas ausgemacht, aber Anima blieb völlig gelassen.

„Ich dürfte eigentlich keine Träume und auch keine Gefühle haben", meinte sie. „Aber ich habe sie. Dieser Ort, das alles hier, weckt etwas in mir. Ich verstehe das nicht."

Ihre Haut war weich und warm. *Unglaublich! Das ist kein Metall oder Kunststoff wie bei gewöhnlichen Robotern, sondern echte, organische Haut, wahrscheinlich geklont.* Unter ihrer Haut fühlte er ein hartes Gerüst, unnachgiebiger als menschliche Knochen. Und dann spürte er noch etwas: ein sanftes, aber energisches Pochen. Das Pochen eines Herzens! Nicht das durchdringende, elektrische Vibrieren eines HA-Mini-Reaktors, wie ihn gewöhnliche Maschinen besaßen.

„Unmöglich!", stieß er verblüfft hervor und nahm seine Hand zurück, während Anima ihr Oberteil wiederrunter zog. „Ein Herz! Du hast ein *menschliches* Herz – und eine organische Hülle über einem Metallskelett! Du bist halb Maschine und halb organisches Lebewesen!"

Joe hätte niemals gedacht, dass es Androiden, wie sie in den Magazinen seiner Jugend vorkamen, wirklich geben könnte. Dass die Technik bereits so weit fortgeschritten war, hätte er niemals für möglich gehalten. Da hatte sich anscheinend in der Welt einiges getan, seit er sich aufs Land zurückgezogen hatte.

„Wie lange exis... ich meine, wie alt bist du?", fragte er.

„Vier Jahre."

„Du siehst älter aus."

„Ich sah schon immer so aus."

Vier Jahre, das konnte kein Zufall sein!

„Warum fragst du?", wollte sie wissen.

„Meine Tochter Erica ... starb vor vier Jahren bei einem Unfall", erzählte er. „Sie hatte unachtsam eine Straße überquert und ein Auto hat ... es hat ... sie überfahren. Die örtlichen Organsammler entfernten ihr Herz noch am Unfallort. Sie sollten es einem jungen Mädchen einsetzen, das ein Herzleiden hatte und auf ein Spenderherz wartete. Ich glaube, du besitzt Ericas Herz. Aber warum befindet es sich nicht in diesem Mädchen?"

„Meine Schöpfer sagten einmal, dass ich großes

Glück hatte", entgegnete Anima nachdenklich. „Zwei Mädchen seien gestorben, aber ich würde dafür leben."

„Zwei Mädchen?", wiederholte Joe, dann verstand er plötzlich: „Das andere Mädchen ist *vor* dem Eingriff gestorben! Und da haben sie einfach ... Meine Güte!"

„So ist das also", sagte sie leise.

Für einen Augenblick standen sie einfach da, beide in ihre Gedanken vertieft. *Das kann nicht wahr sein*, dachte Joe. *Ein Roboter, der Ericas Herz trägt! Was soll ich jetzt tun? Das ist alles zu viel!*

Er stolperte zurück, in Richtung des Hauses.

Anima blickte ihn fragend an.

„Ich brauche einen Augenblick", erklärte er. „Ich bin gleich wieder da."

„Ich werde hier warten", entgegnete sie und blieb kerzengerade stehen.

Joe schloss die Haustür hinter sich und atmete tief durch. Dann stieg er langsam die Treppe ins Obergeschoss hinauf und blieb für ein paar Minuten mit gesenktem Kopf vor einer Tür stehen. Schließlich stellte er die Flinte an die Wand, drückte die Klinke herunter und betrat den Raum. Karen und er hatten es nicht übers Herz gebracht, Ericas Zimmer auszuräumen. Hin und wieder putzten sie es, achteten aber immer darauf, nichts zu verändern. Es war seltsam. Er war eine Zeitlang nicht hier gewesen. Das Zimmer sah noch so aus wie vor vier Jahren, ganz so, als würde Erica jeden Augenblick zurückkehren und sich in ihr gemachtes Bett kuscheln oder an den Schreibtisch setzen und ein Bild malen. An den Wänden hingen ihre Bilder und ein paar Fotos. Etwas in ihm zog sich zusammen und er spürte Tränen in seinen Augen.

Sein Blick fiel auf die Puppen, die auf einem Regal saßen. Eine stach heraus, weil sie echter aussah als die anderen. Es war Ericas Lieblingspuppe. Karen hatte sie vor fünf Jahren in einem Trödelladen in Neo Sydney erstanden. Und jetzt fiel es ihm plötzlich wieder ein: Anima war auch der Name dieser Puppe. Erica hatte immer behauptet, ihre Puppe hätte eine Seele, und ihr auf Karens Vorschlag hin diesen Namen gegeben.

Joe warf einen Blick aus dem Fenster, das direkt auf den Hof hinausging. Unten sah er Anima stehen, während Isaac hechelnd bei ihr saß. Plötzlich beugte sie sich runter und berührte kurz den Kopf des Hundes, betrachtete für einen Augenblick ihre Hand und blickte dann wieder zum Haus. *Sie wartet. Was soll ich tun?*

Sie war nicht seine Tochter. Seine Tochter war tot und würde es immer bleiben. Doch ein Teil von Erica lebte in seinen Erinnerungen und denen seiner Frau weiter. Und auf unerklärliche Weise waren Teile ihrer Persönlichkeit auf Anima übertragen worden. Was wohl Karen dazu sagen würde, wenn sie irgendwann wiederkam und er ihr davon erzählte?

Anima würde Erica nicht ersetzen, das war ihm klar. Aber er wollte auch nicht, dass sie ging. Es war schön, wieder Gesellschaft zu haben und sich über interessante Themen zu unterhalten. Und sie war wirklich erstaunlich. Er wollte unbedingt mehr über ihren Hintergrund erfahren. Doch es ging nicht alleine darum, was er wollte.

Als er zurück auf den Hof ging, stand Anima noch immer vollkommen regungslos dort. Sie sah ihn verunsichert an. „Was wird jetzt aus mir?"

Obwohl sich etwas in ihm dagegen sträubte, entgegnete Joe: „Jetzt kennst du die Wahrheit hinter deinen Träumen. Am besten gehst du wieder ins Institut."

„Ich will nicht zurück ins Institut!", entgegnete sie sofort. „Es ist so unmenschlich da!"

Er hatte sich fast so eine Antwort gewünscht. Sie tat ihm leid und er fand sie eigentlich auch ganz sympathisch.

„Du kannst gern hier bleiben, wenn du willst", bot er ihr an. „Aber jeder Ro... ich meine, jede mechanische Person hat aus Sicherheitsgründen einen Peilsender eingebaut. Bald werden bestimmt die Sicherheitskräfte hier auftauchen, um dich wieder ins Institut zu bringen. Es tut mir leid."

„Sie werden mich nicht finden", sagte sie und scharrte erneut mit dem Fuß über den Boden. „Ich habe den Peilsender entfernt. Der hat sowieso immer so im Nakken gejuckt."

Wieder erinnerte sie ihn an Erica und beinahe hätte er vor Freude gelacht. „Na, dann komm mit", sagte er und ging zum Haus zurück.

Sie folgte ihm. „Danke, Paps."

Er drehte sich überrascht um. „Wie hast du mich genannt?"

Anima sah ihn ebenso erstaunt an. „Tut mir leid! Ich weiß nicht, warum ich das gesagt habe."

Joe schmunzelte. „Nein, ist schon gut."

DAS SECHSTE GEBOT

„Hast du unschamhaft geschaut?"
(Beichte des Kindes, Gesang- und Gebetbuch
für das Bistum Trier, 1955)

Regina Stoffels

Beim Räumen meines alten Kinderschreibtisches, den mein Enkel bekommen sollte, entdeckte ich in einer der Schubladen ein vielfach zusammengefaltetes, farbiges Blatt. Das Papier fühlte sich ganz weich und mürbe an und war an den Rändern leicht ausgefranst. Vorsichtig entfaltete ich es, ohne es zu zerreißen. Die Knickfalten schimmerten gelb-weiß und in der Mitte der Knicke wurden winzige Löcher in Rautenform sichtbar. Es war eine Seite aus einer Illustrierten. Nur noch blass konnte man die Konturen einer blonden Frau mit einer Gitarre erkennen. Verwundert schaute ich mir das Bild genauer an und da traf mich wie ein Blitz die Erinnerung an den Kunstunterricht in der Sexta bei Fräulein Kempf.

Fräulein Kempf, unsere Kunstlehrerin, bat uns, Zeitungen oder Illustrierte zum nächsten Unterricht mitzubringen. Die sollten wir auf den Tischen auslegen, um diese zu schonen. Zuhause bezogen wir nur die „Landeszeitung" und das Bistumsblatt „Paulinus". Meine Großeltern hatten die „Stadt Gottes" abonniert, in der es farbige Bilder gab.

Die anderen Mädchen brachten Illustrierte mit, die vielen bunte Abbildungen enthielten. Es gab mehr als genug Exemplare, die sich auf dem Lehrerpult stapelten. Ich war fasziniert von der Vielfalt der Blätter, schnell ließ ich meine „Stadt Gottes" verschwinden und holte mir stattdessen eine Illustrierte vom Pult. Doch statt sie nun sorgsam auf meiner Tischplatte auszubreiten, blätterte ich sie auf, um einen Blick hineinzuwerfen.

Da verschlug es mir die Sprache. Auf einer ganzen Seite, also im Großformat, befand sich ein Foto einer halbnackten Frau. Ihr Name stand unter dem Foto: Brigitte Bardot. Man konnte nichts Genaueres ihrer Blöße erkennen, denn vor einer Brust hielt sie eine Gitarre, die andere verschwand hinter ihren langen, blonden Haaren. Auffallend war der blutrot geschminkte Schmollmund.

Ich merkte, wie mir beim Betrachten des Fotos vor Aufregung ganz heiß wurde! So etwas Sündiges! Ich bekam „rote Ohren"! Dabei hatte ich nur einen Wunsch, dieses Foto musste irgendwie in meine Hände gelangen, damit ich es zu Hause in Ruhe anschauen konnte.

Verstohlen schaute ich mich um, ob mich auch niemand beobachtete, dann begann ich ganz vorsichtig, mit schweißnassen Fingern, Millimeter für Millimeter, die Seite herauszuruckeln, verharrte immer ein wenig, schaute dabei arglos in die Runde, bevor ich endlich die komplette Seite in den Händen hielt. Während ich wieder verstohlen in die Runde schaute, knickten meine Finger wie von selbst die Seite einmal, zweimal, dreimal und ein viertes Mal um, bis sie die Größe eines kleinen Notizblattes hatte. Nun konnte ich sie ohne Schwierigkeiten rasch in meinem Ranzen verschwinden lassen.

Erleichtert stellte ich fest, dass wohl niemand mein Tun beobachtet hatte. Mit beiden Händen glättete ich schließlich die Illustrierte, bemerkte, dass sie noch nicht den ganzen Arbeitsplatz bedeckte und holte mir darum ein weiteres Exemplar. Es war ziemlich laut im Klassenraum, schließlich bestand unsere Klasse aus zweiundvierzig Mädchen!

Ich war mit den Gedanken dauernd bei dieser Frau mit Namen Brigitte Bardot und konnte es kaum erwarten, das Foto ganz in Ruhe anzuschauen. Die Gelegenheit erhielt ich aber erst zu Hause, als ich mitsamt Foto ungestört auf dem Klo verschwinden konnte, ohne überrascht zu werden.

Immer wieder musste ich das Foto betrachten. Obwohl die Blöße eigentlich komplett abgedeckt war, kam mir dieses Foto sehr „sündig" vor! Ich schämte mich wegen meines Verhaltens und lebte in einer permanenten Angst, man könne mir mein sündiges Vorgehen ansehen. Das sechste Gebot, das von der Unkeuschheit handelte, damit waren unkeusche Gedanken oder das unkeusche Betrachten von Bildern gemeint, hing wie ein Damoklesschwert über mir! Selbst meiner ältesten Schwester und meiner besten Freundin vertraute ich mich nicht an.

Das Foto faltete ich ganz eng zusammen und verbarg es in der äußersten Ecke einer Schreibtischschublade. Immer wieder kramte ich es hervor, um es anzuschauen. Damit ich nicht plötzlich von meiner Mutter erwischt würde, schaute ich es mir stets erst auf dem Klo an. Im Laufe der Zeit war das Foto sehr unansehnlich geworden, dort wo es gefaltet war, verschwammen die Konturen bereits. Irgendwann verlor ich das Interesse am Betrachten.

Jäh erinnerte ich mich an das Foto, als mich meine Freundin eines Tages an der Hand packte und ausrief:
„Oh, du musst eine Todsünde gemacht haben! Schau mal, du hast ja weiße Flecken auf dem Fingernagel!"

Unter uns Mädchen gab es ein Ritual, immer wieder betrachteten wir unsere Fingernägel, waren darauf weiße Flecken zu sehen, war das ein Zeichen dafür, dass man eine Todsünde begannen hatte.

Triumphierend hielt sie meinen rechten Zeigefinger hoch. Ich erstarrte, als ich zwei kleine weiße Flecken auf dem Nagel erblickte! Jetzt kam alles raus! Ich wusste direkt, woher die Flecken kamen! Das hatte ich nun davon, dass ich das Foto dieser Brigitte Bardot neugierig betrachtet hatte. Oh, wie furchtbar war das! Am liebsten wäre ich im Erdboden versunken. Doch was blieb mir anderes übrig, als endlich zur Beichte zu gehen und mich anzuklagen. Ich hatte ganz offensichtlich gegen das sechste Gebot verstoßen.

Ulla Hahn beschreibt in ihrem Roman „Das verborgene Wort" ebenfalls eine Szene mit den „weißen Flecken" auf den Fingernägeln. Im ersten Band der Anthologie-Reihe Blickwinkel „Wenn Licht bricht" gibt es bereits eine Geschichte, die vom Kunstunterricht bei Fräulein Kempf handelt.

DER WAHRHEIT AUF DER SPUR
VON FRED NIKLAS

Alfred Schilz

Ein paar Schritte neben dem Parkplatz eines Supermarktes stehe ich, habe ein Mikro deutlich sichtbar in der Hand und überfliege noch einmal die Fragen, die ich stellen werde. Das erste „Opfer" nähert sich. Ein Mann mittleren Alters ist es, den ich anspreche: *„Verzeihen Sie, wenn ich Sie hier anspreche, aber ich mache eine Passantenbefragung und würde gerne von Ihnen wissen, ob Sie mit Ihrem täglichen Leben zufrieden sind?"*

Der Mann stutzt, mustert mich von Kopf bis Fuß und will sich schon abwenden, aber fragt dann doch zurück: *„Sie sind ganz bestimmt vom Fernsehen oder von einem Institut für Meinungsforschung! Stimmt's? Ich kenne euch Burschen! Ihr seid mit allen Wassern gewaschen, Ihr fragt so verdammt geschickt und versucht immer, die Menschen aufs Kreuz zu legen! Mit mir nicht, mein Lieber, nicht mit mir! Von mir erfahren Sie nichts!"*

Pech gehabt, denke ich und warte. Weil es noch früh am Tag ist, hoffe ich, doch noch den einen oder anderen Gesprächspartner zu finden. Ich will ja auch nicht mit leeren Händen dastehen und habe mir fest vorgenommen, einen Freund mit meiner Reportage bei seiner

Diplomarbeit zu unterstützen. Der hat zurzeit sehr viel um die Ohren und deswegen ist es notwendig, ihm behilflich zu sein.

Eben sehe ich, wie eine kleine Familie aus einem Wagen steigt. Ich nehme all meinen Mut zusammen und stelle die Frage, ob man mit seinem täglichen Leben zufrieden sei. Da baut sich der Mann vor mir auf und sagt lautstark: *"Natürlich können Sie uns fragen! Ich finde nichts dabei, von einem Radio- oder TV-Sender ausgefragt zu werden. Daran habe ich mich inzwischen gewöhnt. Ich bin Schauspieler am hiesigen Theater, dies hier ist meine Frau, ebenfalls am Theater, allerdings nur Gesang. Und das ist Emanuelle, unser Sonnenschein. Wir beide sind voll beschäftigt und ausgebucht bis an die Grenze. Wir haben eine Vertrauensperson, die sich um die kleine Maus kümmert. Oben im Neubaugebiet besitzen wir ein Haus, das uns mein Schwiegervater geschenkt hat. Finanzielle Sorgen haben wir keine, haben konkrete Wünsche an das Leben, gönnen uns alles, was bezahlbar ist, und leisten uns eine freie Meinung in Sachen Weltanschauung. Wir sind kunstliebend, an allem Modernen sehr interessiert und bemühen uns, gute Nachbarn zu sein. Freundliche Empfehlung an Ihren Sender! Wir danken Ihnen für das Gespräch!"*

Er dreht sich um, fasst seine Frau am Arm und alle drei verschwinden im Supermarkt. Ich stehe da, habe nur eine Frage gestellt, habe aber alle Antworten der Welt bekommen. Er hatte seinen Auftritt, mehr wollte er nicht!

Ein junger Mann schiebt sein Fahrrad, auf dem ein riesiger Plastiksack voller leerer PET-Flaschen liegt, vor sich her. Ich gehe auf ihn zu, er sieht mich fragend an und ich stelle meine Frage. Er grinst zuerst, sagt aber dann mit ernstem Gesicht: *„Natürlich bin ich mit meinem jetzigen Leben zufrieden. Diese Flaschen habe ich alle selbst ausgetrunken, aus Übermut und aus Lebensfreude! Als Hartz IV-Empfänger kann ich mehrmals im Jahr einen längeren Urlaub machen und da ich ja keinem Arbeitgeber verpflichtet bin, kann ich jeden Tag ausschlafen ... Hören Sie mir jetzt einmal genau zu: Stellen Sie mir bitte niemals wieder solch dämliche Fragen! Ich nage täglich am „Hungertuch" und wenn ich alle Pflichtausgaben bezahlt habe, bleibt nur so viel übrig, dass ich mir eine einzige Mahlzeit am Tag leisten kann. In der Zeit, die ich dann übrig habe und die ich sonst mit Essen und Trinken verplempert hätte, suche ich in den Parkanlagen, an Bus-Haltestellen und in der Fußgängerzone in den Abfallbehältern nach und sammle Leergut, welches ich dann im Schredder-Gerät des nächsten Supermarktes entsorge. Ohne dieses kleine Zubrot wäre ich schon längst obdachlos und müsste auf der Straße leben. Da fragen Sie mich, ob ich mit meinem Leben zufrieden sei? Tun Sie das nie wieder, auch nicht bei anderen, die ähnlich wie ich leben müssen! / Keiner von uns tut das, weil es ihm Spaß macht, merken Sie sich das!"*

Ich werde rot vor Verlegenheit. Wie kann ich auch nur derart gedankenlos daherreden. Ich hoffe, den Mann nicht zu sehr beleidigt zu haben, und warte, bis er wieder nach draußen kommt. Ich bitte ihn um Entschuldigung. Er fragt, weshalb ich diese Befragung durchführe. So kommen wir ins Gespräch und er erzählt mir von seinem erlernten Beruf, von der schweren Krankheit vor drei Jahren, die ein Verbleib im Beruf unmöglich machte. Er spricht über die für ihn unwürdige Situation, arbeitslos zu sein und auch vermutlich zu bleiben. Dann sagt er unvermittelt: *„Aber jetzt ist Schluss mit dem Gejammer. Ich freue mich, Sie kennengelernt zu, haben und wünsche Ihnen und Ihrem Freund Erfolg in allen Dingen. Jetzt gehe ich in den nächsten Bäckerladen und leiste mir ein Stückchen Kuchen! So viel Luxus muss einmal in der Woche sein!"*

Minuten später kommen mir zwei junge Frauen über den Parkplatz entgegen. Sie scheinen in bester Laune zu sein, lachen und ich spreche sie an, frage, was ich wissen will und beide sehen plötzlich verängstigt aus. Blitzschnell erkenne ich, dass die beiden jungen Männer, die im Eilschritt auf mich zukommen, die Ursache für das Verhalten der beiden Frauen sind. Einer der beiden Männer schnauzt mich an: *„Was willst du von meinen Schwestern? Hat dir noch niemand beigebracht, dass man unsere Frauen nicht einfach auf der Straße anquatscht? Hat dir das deine Mutter nicht erklärt? Unsere Frauen haben eine Ehre und wir Männer sind da, die Ehre unserer Frauen zu verteidigen, damit sie nicht von solchen Affen, wie du einer bist, entehrt werden! Was willst du wissen? Bist du vom Sozialamt oder vom Fernsehen? Was geht es dich an, wie wir leben? Auf jeden Fall besser als Ihr Deutschen. Wir haben Geld, haben Familien und wir können uns aufeinan-*

der verlassen! Also was willst du sonst noch wissen? Ich kann dir nur eins sagen: Quatsche nie wieder eine unserer Frauen an, sonst gibt es was aufs Maul!"

Er droht mit erhobener Faust und verschwindet mit seinem Begleiter im Supermarkt. Ich bin froh, dass ich das Aufnahmegerät nicht abgeschaltet habe, denn für den Fall, dass es zu Tätlichkeiten käme, ist es immer gut, nicht nur Bildaufnahmen, sondern auch Tonaufzeichnungen vorweisen zu können. Ich habe Glück, bin aber gleichzeitig komplett überfordert, denn wer rechnet schon mit derartigen Ausfällen? Ich will schon zusammenpacken, sehe aber in dem Moment ein älteres Paar auf mich zukommen. Ich bin erleichtert, als der Mann seiner Begleiterin meine Frage in erhöhter Lautstärke wiederholt. Sie scheint schwerhörig zu sein, aber der Mann gibt freundlich Auskunft: *„Ja, junger Mann, wir sind mit unserem Leben zufrieden! Allerdings notgedrungen, denn die Gebrechen des hohen Alters werden von Tag zu Tag lästiger, aber wie wir alle wissen, gehören sie dazu. Beide, meine Frau und ich, klagen jedoch nicht, denn es führt zu nichts und nichts wird dadurch besser! Unsere Kinder leben beide im Ausland. Die Älteste in England und der Junge in Spanien. Nicht eben „um die Ecke", wie ich immer sage, und weil beide weit weg sind, sehen wir die Kinder und ihre Familien höchstens zweimal im Jahr. Wir haben nette und hilfsbereite Nachbarn, haben eine Hilfe, welche die Wohnung sauber hält, und den Rest erledigen wir noch, so gut wir können! Meine Frau und ich haben jeder ein Hobby: Sie schreibt Gedichte und*

Kurzgeschichten, steht mit einem Zeitschriften-Verlag in Verbindung und tatsächlich wird hin und wieder etwas von ihr veröffentlicht. Ich löse knifflige Rätselfragen, lese sehr viel – und das gleich mit zwei verschiedenen Brillen – und das Fernsehen ist jeden Abend unser Zeitvertreiber. Zum Glück leben wir im eigenen Haus und der Fernseher kann wegen der beginnenden Taubheit meiner Frau, auch schon mal ganz laut sein! Das war in kurzen Worten das Leben, welches wir führen. Ich hoffe, es hilft Ihnen weiter! Grüßen Sie Ihren Freund und ich fühle mit ihm, denn vor rund sechzig Jahren musste ich auch an einer Diplomarbeit sitzen! Alles Gute und auf Wiedersehen!"

Ein friedlicher und runder Abschluss eines Vorhabens der besonderen Art.

Mein Freund hat, was er wollte und braucht, und ich habe einige Erfahrungen sammeln können. Das ist doch auch etwas wert, oder?

*Ein Spurwechsel ist nötig, von der
Kriechspur auf die Überholspur.*

Einspurig – mehrspurig – großspurig?

Anita Koschorrek-Müller

DIE SPUR AUF DEM ASPHALT

Heike Siemann

Nick sitzt am Steuer seines stehenden Wagens, der Motor läuft, es ist spät abends und er ist nur drei Straßen von seinem Ziel entfernt. Aber seine Fahrt ist zu Ende. Vielleicht hätte er nicht die Abkürzung durch die Altstadt nehmen dürfen, an der kleinen Polizeiwache vorbei. Kurze Zeit später hat er sie hinter sich bemerkt.

Er blickt auf den Streifenwagen, der jetzt mit Blaulicht quer vor ihm auf der Fahrbahn steht und ihn so gestoppt hat. Das blaue Licht läuft immer wieder gespenstisch flackernd durch den Innenraum seines Kleinbusses. Zwei Polizisten stehen mit gezogenen Waffen vor und seitlich des Fahrzeuges und haben ihn im Visier.

„Steigen Sie mit erhobenen Händen aus!", ruft der Ältere der beiden.

Nick hebt seine Hände, er spürt seinen Herzschlag hart in der Brust, sein Atem geht schnell und stoßweise. Seine Gedanken drehen sich im Kreis. Wie konnte er nur in diese Situation geraten? Er hatte noch nie mit der Polizei zu tun gehabt, geschweige denn war er mit dem Gesetz in Konflikt geraten. Wie erstarrt sitzt er hinter dem Steuer.

Der Polizist klopft ungeduldig mit dem Lauf seiner Waffe gegen die Fahrerscheibe.

„Aussteigen! Sofort!", ruft er noch einmal energisch und tritt einen Schritt zurück. Nick lässt die rechte Hand erhoben, öffnet mit der linken die Tür, steigt aus und stellt sich auf Geheiß des Beamten mit gespreizten Beinen neben sein Fahrzeug, die Hände gegen die Fahrzeugseite gelegt. Er denkt dabei beklommen an die Szenen, die er aus Filmen kennt und die oft genug durch eine falsch verstandene Bewegung eskalieren. Angst kriecht in ihm hoch. Der jüngere Polizist durchsucht ihn mit groben Handgriffen, führt ihn dann auf die andere Seite des Wagens und befiehlt:

„Die Schiebetür öffnen, los! ".

Dabei leuchtet er mit einer großen Lampe auf den unteren Rand der Tür.

Nick sieht im Lampenkegel eine kleine Pfütze dunkelroter Flüssigkeit unter dem Wagen, und es tropft stetig weiter unter der Seitentür hervor.

„Was zum Teufel ...? Verdammt! Ich kann Ihnen das erklären!", stammelt er.

„Aufmachen, los jetzt!", bellt der Ältere, der immer noch seine Waffe auf Nick richtet. Nick gehorcht und öffnet die Schiebetür. Der jüngere Polizist durchsucht mit Hilfe der Lampe hektisch den Laderaum. Der Lichtkegel fällt auf eine große Wanne, in der ein totes Reh liegt. Die Wanne hat seitlich ein kleines Loch, aus dem Blut sickert und sich schon im Wageninnern verteilt hat. Der Polizist leuchtet Nick jetzt direkt ins Gesicht, sodass er geblendet die Augen schließt und abwehrend eine Hand hebt.

„Bitte nehmen Sie die Lampe weg, ich kann Ihnen das erklären!", versucht Nick die Situation zu entschärfen. Die Polizisten sichern ihre Waffen und stecken sie in die Futterale zurück, bleiben aber trotzdem achtsam und fixieren ihn mit strengen Blicken.

„Also, wir hören", fordert der Jüngere auf.

„Gut, wo fange ich an? Mir gehört das Chez-Susan in der Bergstraße, das Feinschmeckerrestaurant."

„Kenn' ich nicht, weiter!", poltert jetzt der Ältere mit finsterer Miene.

„Es läuft nicht so gut seit der Eröffnung der Feinschmecker-Meile in der Nordstadt. Und jetzt habe ich zufällig erfahren, ich habe eine gute Freundin bei der Pressestelle eines Gourmetführers, dass am Wochenende ein Restauranttester kommen will, ein gnadenloser Bursche, inkognito, um mir den Gnadenstoß zu versetzen." Nick rauft sich die Haare.

„Ich brauche das Reh, mein Koch will ein Menü zaubern, das uns wieder in die gute Presse bringt. Meine letzte Chance!" Nick macht eine hilflose Geste.

Die Polizisten sehen sich kurz an, der Jüngere zieht eine Augenbraue hoch und sagt: „Und woher ist das Reh? Haben Sie gewildert?"

„Um Gottes willen, nein, ein Freund ist Jäger. Er will mir helfen. Ich bin gerade auf dem Weg zum Schlachter."

„Sie scheinen eine Menge Freunde zu haben!", brummt der ältere Polizist.

„Meine Herren, ein Vorschlag: Sie lassen mich jetzt fahren, und Freitagabend erwarte ich Sie um 20 Uhr in meinem Restaurant zu einem Rehbraten, auf Kosten des Hauses natürlich." Nick hält den Atem an.

„Sie wollen uns doch wohl nicht bestechen?" Der Polizist leuchtet Nick wieder ins Gesicht. Nick lässt den Kopf hängen, hebt resigniert die Hände und sagt leise:

„Nein, auf keinen Fall, Entschuldigung." Die Lampe wird ausgeknipst.

Niemand von ihnen sieht, dass in dreißig Metern Entfernung die Glut einer brennenden Zigarette aufleuchtet. Eine hagere Gestalt, die dem Streifenwagen unbemerkt mit einem Motorrad gefolgt ist und jetzt am Straßenrand in der Dunkelheit steht, beobachtet die Szene aufmerksam.

Nicks Führerschein und seine Fahrzeugpapiere werden kontrolliert.
„Sorgen Sie dafür, dass kein weiteres Blut mehr aus dem Wagen tropft, und dann fahren Sie direkt zum Schlachter, ist das klar?", geben die Beamten ihre Anweisungen.
„Ja, mache ich", antwortet Nick beflissen und ist erleichtert.
„Und morgen kommen Sie in die Wache und geben dort die Personalien ihres Jägerfreundes an und die Adresse der Schlachterei. Sollten Sie nicht auftauchen, sehen wir uns wieder, und dann wird es erst richtig unangenehm für Sie. Und jetzt hauen Sie schon ab, Mann!"
Nick steigt schnell in seinen Wagen, und als der Streifenwagen davonfährt und ihm den Weg freigibt, setzt auch er seine Fahrt fort.

Das Motorengeräusch eines Motorrades verhallt in der Nacht.

Als Nick zwei Tage später das örtliche Tageblatt aufschlägt, springt ihm auf Seite 3 eine Kurzmeldung durch ihren markanten Titel ins Auge:

Blutspur in der Innenstadt

Alles deutete auf ein grausames Gewaltverbrechen hin. Eine auf einer Kreuzung vor einem Polizeirevier beginnende und zu einem Kleinbus mit verdunkelten Scheiben führende Blutspur hatte die Polizei in Rostock auf den Plan gerufen. Das Blut tropfte aus einer Schiebetür an der Beifahrerseite des Wagens. Die Beamten konnten den Kleinbus nach einer wilden Verfolgungsjagd durch die Innenstadt stoppen. Der Fahrer widersetzte sich erst der Kontrolle, sodass die Polizisten mit gezogenen Waffen energisch durchgreifen mussten. Die Fahrzeugüberprüfung ergab, dass der Mann, ortsansässiger Gastronom, ein totes Stück Wild im Wagen transportiert hatte. Ob es sich dabei um einen Fall von Fahrerflucht nach einem Wildunfall oder um Wilderei handelt, oder sogar um eine Verwicklung in Schutzgelderpressung innerhalb der Gastronomie-Branche der Stadt, muss noch geklärt werden.

KLAGE EINES AUGENBLICKS
— Ein Rätsel —

Sabine Moritz

Wie sie wieder über uns hinwegtrampeln! Sie haben Augen, sehen aber nichts! Ihr Blick geht nur geradeaus und sie wähnen sich einsam und allein in einer Umgebung, die voll mit Leben ist. Nur sind sie dafür blind!

Wir könnten sie führen, unsere Welt zeigen, würden sie nur einen Moment verweilen und ihren Blick senken, sehen. Aber nur wenige von ihnen tun dies, tun es mit leuchtenden Augen. Sie wissen schon, was sie erwartet, oder sind gezielt auf der Suche. Mit ihren Fingern folgen sie manchmal unserer Form, als würde der Verursacher unseres Erscheinungsbildes dann vor ihrem Auge lebendig werden.

Aber wenn sie uns dann folgen, können wir nicht immer ihrer freudigen Spannung gerecht werden und sie ans Ziel führen. Manchmal enden wir abrupt, abgeschnitten von Wegen, auf denen wir nichts hinterlassen oder zu schnell wieder verblassen. Wer hier aufgibt, den können wir nicht leiten.

Manchmal aber auch führen wir zu dem, von dem wir durch unsere Form, Richtung, Tiefe und Frische erzählten. Wir wurden gemacht von jenem, der dahinschlich in wüster Absicht, sich versteckt seinem Opfer nähernd, aber auch von den Arglosen, von ganzen Gruppen oder Einzelnen. Wer uns zu sehen und zu verstehen mag, der entdeckt in einer scheinbar einsamen Umgebung reiches Leben.

Aber wir sind nicht dauerhaft. Mit leichtem Fuß oder schwerer Keule, von Groß und Klein gemacht, bleiben wir nur sichtbar, solange uns nicht Wind und Wetter wieder verwischen, oder wir von anderen unserer Art überdeckt werden. Manchmal verschwinden wir auch ganz, wenn an dem Ort, an dem wir entstanden, niemand mehr vorbeikommt.

Hunderttausende, nein Millionen von uns müssen entstehen, damit wenige selbst den Weg in die Erinnerung von euch finden. Zu jenen wenigen von euch, die verstehen, was wir berichten wollen.

Ach, würdet ihr uns nur sehen!

Seid nicht traurig, meine Freunde, ihr alle meiner Art, auch wenn wir wenig beachtet werden, so sind wir doch ewig, solange es Leben gibt. Das hingegen können jene, die uns nicht beachten, nicht von sich behaupten.

IMMER DER MAGIE NACH

Anne Becker

Tief im Wald unter der hundertjährigen Eiche, ein Bach plätscherte leise in der Ferne, stand ein Hexenhaus inmitten einer tatzenförmigen Felsformation. Efeu umrankte die schiefen Holzwände und durch dichtes Moos erkannte man kaum das Ziegeldach. Kleine, runde Fenster gaben den Blick auf das an gewöhnlichen Tagen magische Innenleben frei.

Die Hexe erwachte. Noch schlaftrunken öffnete sie die Augen und schnappte erschrocken nach Luft. Grau! Grau! Alles war grau! Ruckartig richtete sie sich auf, sodass ein leichter Schwindel über sie kam. Mit weit aufgerissenen Augen betrachtete sie ihr geliebtes Hexenhaus. Jede Wand und jeder Gegenstand grüßten in tristem Grau. Die Welt hatte über Nacht ihre Farbe verloren. Am ganzen Körper zitternd versuchte sie das Feuer in Gedanken zu entfachen. Es gelang ihr nicht. Entmutigt sank sie wieder aufs Bett. Sie blickte zur Feuerstelle in der Mitte des Hauses und konzentrierte sich auf das Gefühl des Feuers, doch konnte sich nicht erinnern, wie sich Wärme anfühlte. Der Versuch sich an die Farben des Feuers zu erinnern scheiterte, denn alles war grau. Mit geschlossenen Augen kämpfte sie gegen die Tränen an. Ihr Körper verkrampfte und fühlte sich bleischwer an. Die Hexe beschwor das Feuer noch einmal in Gedanken. Mit einem Schluchzer öffnete sie die Augen. Die Feuerstelle blieb kalt.

Lange lag sie da und starrte trotzig an die graue Decke. Die Welt war grau. Die Magie war weg. Das Leben war sinnlos. Eine Hexe, die nicht hexen konnte. Na toll, dachte sie laut und lachte in einem schrillen Ton, der mehr wie ein Schrei klang, auf. Ihr Blick wanderte von der Decke auf den grauen Boden. Eigentlich war der Boden braun. Oder blau? Hatte sie den Boden nicht blau gezaubert? Oder lila, weil es die Farbe ihrer Lieblingsblume war? Sie kannte die Farben nicht mehr, nur die Wörter waren noch da, denn die Welt war grau. Doch unten am Türrahmen unweit des Hexenkessels schimmerte ein klitzekleiner Punkt leicht rosa. In ihrem Verdruss übersah die Hexe diesen kleinen Fleck. Dabei sah sie genau in die Richtung des besagten Flecks. Sie dachte an die fehlenden Farben und ihr Leben ohne Magie. Und mit tränenden Augen sah sie den Fleck nicht. Erst als sie sich die Tränen abwischte, erst als sie sich vornahm, das Leben in der grauen Welt ohne Magie zu meistern, erst als sie, wenn auch nur für einen kleinen Moment, versuchte Hoffnung zu wagen, erst dann leuchtete der kleine Fleck für einen ebenso kurzen Augenblick auf. Die Hexe wollte ihren Augen nicht glauben. Ein kleiner rosa Farbklecks schimmerte neben dem Eingang des Hexenhauses. Rosa wie die Kirschblüte, da war die Hexe sich sicher. Ihr Blick lag gebannt auf dem Fleck, während sie ihren Oberkörper langsam aufrichtete. Ein Bein nach dem anderen kam unter der Bettdecke zum Vorschein und sie setzte sich auf. Beide Füße trafen gleichzeitig auf den kalten Boden auf, doch schnellten vor Schreck wieder hoch und baumelten kurz in der Luft.

Dieser Fleck wollte genauer betrachtet werden. Mit Entschlossenheit setzte sie die Füße wieder auf den Boden. Aufstehen war nicht einfach, doch nichts konnte sie aufhalten. Es war, als verweigerten ihre Beine den Dienst. Mit den Händen versuchte sie nach der Wand zu greifen. Genau vor dem kleinen rosa Schimmer fiel die Hexe nieder. Ihre Hand schwebte kurz über dem wunderschönsten Fleck, welchen sie jemals gesehen hatte, bevor sie ihn zärtlich berührte. Plötzlich war er weg. Oh nein, sie kniete vor dem Fleck, der nicht mehr da war. Fast war jede Hoffnung verloren, doch es hatte sich etwas verändert. Die Welt war immer noch grau, aber weniger angsteinflößend.

Großer Mut war nötig, um die Tür weit aufzuschubsen. Ihr Gesicht lugte aus der Hütte und suchte nach Farbklecksen auf der kleinen Lichtung, mit ihren grauen Felsen, mit grauem Moos überzogen; der Kräutergarten, wo heute nicht eine einzige Biene den Nektar der grauen Blüten suchte. Doch ganz am Rande der Lichtung leuchtete ein blauer Punkt am Stamm einer hochgewachsenen Espe. Meilenweit weg erschien er. Sie atmete tief ein, sammelte Kraft, richtete sich langsam auf und überschritt die Türschwelle. Zuerst waren die großen Felsen ihre Stütze. Doch der Weg führte sie hinaus auf die freie Fläche. Nur zwei Schritte waren geschafft, als ihre Beine nachgaben. Am Boden liegend starrte sie auf den blauen Klecks. Mit jedem Atemzug wurde das Blau schwächer und schwächer. Sie fühlte jede Faser ihrer Arme und Beine, als würden Gewichte an ihnen hängen, doch sie kroch weiter. Schwer keuchend und mit ihrer verbliebenen Kraft zog sie sich über den Boden. Als der blaue Punkt nur eine Armlänge von ihr entfernt war, streckte sie sich und berührte ihn mit den Fingerspitzen. Das Blau war fort. Die Welt war immer noch grau, aber eine innere Ruhe durchströmte die Hexe.

Die neue Kraft half ihr sich aufzurichten. Auf den Knien, schweratmend, sah die Hexe in den Wald hinein. Ihr geliebter Wald wirkte bedrohlich ohne seine Farben. Kein Vogel zwitscherte. Überhaupt keine Tiere waren da, keiner ihrer Freunde konnte helfen. Der Wald war stumm. An einem tiefhängenden Ast zog sie sich auf die Beine. Wohin jetzt? Mit nur einem Schritt trat sie unter das Blätterdach. Das Grau wirkte stumpf und dunkel, kein Licht drang durch die dichte Baumkrone. Boden und Wurzeln konnte sie kaum auseinanderhalten. Noch immer im Nachtgewand und barfüßig stolperte sie oft, ständig auf der Suche nach den nächsten Farben. Je tiefer sie in den Wald wanderte, ohne eine neue Farbe zu sehen, desto stärker klopfte ihr Herz. Weit und breit kein Zeichen. Vielleicht war es die falsche Richtung? Ohne Farben kam ihr nichts bekannt vor in dem sonst so vertrauten Terrain. Auf einem Baumstumpf machte sie eine Pause. Da saß sie nun, mitten im grauen Wald, ohne Zauberkraft, und stützte das Gesicht auf ihre verschränkten Arme. Die Füße schmerzten und Tränen stiegen ihr in die Augen. Die Hexe ahnte nicht, dass hinter ihrem Rücken und nur drei Bäume weiter ein Klecks auf sie wartete. Sie schluckte ihren Verdruss herunter. Entschlossen stand sie auf und ging in die falsche Richtung. Nur einmal drehte sie sich noch um und betrachtete den Weg, auf dem sie hergekommen war. Dann endlich sah sie ein Schimmern. Die Hexe glaubte ihren Augen kaum. Grün! Der Wald war grün, oder? Taumelnd, doch schnellen Schrittes, begab sie sich zum Farbklecks. Er war viel größer als die beiden anderen. Sie beugte sich vor und ihre Hand sog die Farbe in sich auf.

Quer durch den Wald und in einiger Entfernung schimmerten weitere Farbkleckse. So viele beisammen? Die Hexe lief darauf zu. Ihr schlugen Äste ins Gesicht. Sträucher und Bäume versuchten sie aufzuhalten. Brennnesseln ließen ihre Haut an den Beinen aufflammen. Sie durchbrach das Dickicht und erreichte einen kleinen Pfad, der gesprenkelt war mit Rot, Gelb, Blau, Violett und Türkis. In Schlangenlinien verliefen manche Kleckse ineinander. Gierig raffte sie die Farben auf. Mit jeder Berührung verschwand die Farbe und hinterließ nur das Grau. Mit jeder Farbe, die die Hexe aufsog, spürte sie, wie ihre Kraft, die Erinnerung an Farben und verloren geglaubte so wie nie gekannte Gefühle wieder kamen. Wärme stieg in ihr auf. Sie lief den Waldweg entlang und sammelte ihre Farben. Im Eifer merkte sie kaum, dass der Weg zum Bachufer führte. Alle Farben auf dem Pfad waren gesammelt. An einer großen Weide am Ufer rastete sie für einen kurzen Moment und suchte nach weiteren Farben. Der Bach rauschte grau vorbei, doch in einer kleinen Aue bachaufwärts war ein buntes Farbenspiel in einem Wasserwirbel gefangen. Die Farben pulsierten, als die Hexe sie bemerkte. Die schroffe Uferböschung war kein Hindernis; ohne Zögern sprang sie ins Wasser. Die Strömung war stark heute. Sie musste es nur zur

Aue schaffen. Armlänge für Armlänge schwamm sie darauf zu. Als nur ein schmaler Uferstreifen zwischen Bach und den Farben sie trennte, zog sie sich aus dem Wasser und kroch weiter auf ihre Farben zu. Ihr Herz schlug im Takt, den das Farbspiel vorgab. Kopf voran tauchte sie ins Wasser. Die Farben wirbelten wild um sie herum, als hätten sie die Hexe vermisst.

Der Wasserstrudel mit all seinen Farben versiegte und die Hexe tauchte auf. Sie öffnete die Augen und die Welt war wieder bunt. Oben im blauen Himmel grüßte sie die bunten Vögel, die über sie flogen, lachte sie die Bäume mit all ihren Grüntönen an. Sie genoss jede einzelne Farbe. Tief in einem Wald voller Farben hörte man lautes Hexenjubeln. Mit Leichtigkeit sprang die Hexe aus dem Wasser in der Aue und über den Bach. Ihre Magie trug sie zurück zu ihrem Hexenhäuschen.

DAS ROTE GELÄNDER

Marita Lenz

Während der vielen Jahre ihrer Tätigkeit in dem historischen Gebäude in der Innenstadt ist Erika sicherlich einige hundert Male die Treppe zu dem Büro in der dritten Etage emporgestiegen. Heute jedoch betrachtet sie erstmals bewusst das Geländer mit seinem roten Kunststoffhandlauf. Dabei fällt ihr spontan eine Geschichte aus ihrer Kindheit ein ...

1968, Erika war gerade fünf Jahre alt und ihre Eltern fuhren mit ihr und dem kleinen Bruder in die Stadt, um beim Kinderarzt den Termin für die übliche Vorsorgeuntersuchung des Kleinen wahrzunehmen. Dort angekommen, saß die Familie bereits eine Weile im Wartezimmer der Kinderarztpraxis, als sich Erikas Vater mit den Worten verabschiedete: „Ich mache in der Stadt noch ein paar Besorgungen und bin bald zurück."

Kaum hatte er den Raum verlassen, begann Erika zu quengeln: „Mir ist langweilig, ich will lieber mit Papa in die Stadt gehen."

Ihre Mutter überlegte nicht lange und sagte: „Aber wenn der Papa nicht mehr im Treppenhaus ist, kommst Du sofort zurück." „Klar", rief Erika begeistert und war auch schon zur Tür hinaus.

Schnell rannte sie die Treppe hinunter. „Papa!", rief sie zweimal, bekam aber keine Antwort. Aber wo ist er denn bloß, fragte sie sich, im Treppenhaus jedenfalls nicht. Sicher war er schon auf der Straße und sie würde ihn gleich finden, weit konnte er ja noch nicht sein, überlegte sie.

Immer weiter entfernte Erika sich von dem Haus mit der Kinderarztpraxis, konnte aber ihren Vater nirgends sehen. Er war bereits in der Fußgängerzone verschwunden. Eine Weile lief sie durch die Gegend, umrundete den Marktplatz zweimal und geriet immer mehr in Panik. Schließlich fing sie an zu weinen.

„Wie finde ich meine Mama wieder? Wo ist mein Papa?", jammerte sie und dabei liefen ihr dicke Tränen über die Wangen.

Eine Frau, der das offenbar hilflose Mädchen aufgefallen war, sprach es schließlich an: „Was ist denn los, mein Kind? Warum weinst Du denn so?"

Schluchzend erzählte Erika ihr von dem Kinderarzt, bei dem ihre Mutter mit dem Bruder im Wartezimmer saß, und ihrem Vater, den sie verloren hatte. „Das ist doch gar nicht schlimm", sprach die Frau beruhigend und wischte ihr erst einmal die Tränen aus dem Gesicht.

„Gib mir deine Hand, ich bringe dich zu deiner Mutter. Wie heißt denn der Kinderarzt, bei dem sie mit deinem Brüderchen ist?"

Aber an den Namen konnte sich Erika absolut nicht erinnern, auch nicht daran, wie das Haus aussah, in dem sich die Praxis befand.

Hoffnungsvoll ergriff das Mädchen nun die Hand der unbekannten Frau und gemeinsam machten sie sich auf die Suche nach der Kinderarztpraxis. Dabei liefen sie durch Straßen, in denen Erika nie zuvor gewesen war.

Plötzlich fiel ihr die Ermahnung ihrer Eltern ein: „Gehe niemals mit einem Fremden mit, egal, was er dir verspricht."

Unsicher blickte sie zu der Frau hinauf. Aber da betraten sie bereits ein Treppenhaus, das Erika völlig unbekannt vorkam. „Hier im Haus ist eine Kinderarztpraxis", sagte die Frau. Erika schüttelte sofort den Kopf.

„Nein, ein schwarzes Geländer war nicht an der Treppe, sondern ein rotes."

Das war ihr blitzartig in den Sinn gekommen. Irgendwie sah es in dem dunklen Flur unheimlich aus. Angst kroch in ihr hoch und sie begann wieder zu weinen.

„Wir finden deine Mutter, keine Sorge", beruhigte sie die Frau, „so viele Kinderärzte gibt es doch hier gar nicht."

Gemeinsam verließen sie das Haus. Erika war erleichtert, als sie wieder auf der belebten Straße stand.

Auch das nächste Treppenhaus kam ihr nicht bekannt vor.

„Schon wieder nicht das richtige Haus", jammerte sie und schluchzte heftig. „Wir finden meine Mama nie!"

Endlich, beim dritten Eingang hatten sie Erfolg. Der Handlauf am Treppengeländer war rot.

„Ja, das ist es!", rief Erika aufgeregt und rannte, immer noch die Hand der Fremden festhaltend, die Stufen zur Kinderarztpraxis in der ersten Etage hinauf und schnurstracks ins Wartezimmer. Gott sei Dank saß Mama mit Brüderchen Rainer noch auf ihrem Platz.

Ihre Mutter blickte erschrocken auf, als Erika verheult und an der Hand einer unbekannten Frau hereinstürmte.

„Was ist denn passiert und wo ist der Papa?"

Erika war viel zu aufgeregt, um zu antworten. Wortlos schmiegte sie sich an ihre Mutter. Die nette Frau erklärte dann, wie sie Erika weinend auf dem Marktplatz stehen gesehen hatte und dann gemeinsam nach der Kinderarztpraxis gesucht hatten.

Heute fragt sich Erika, wie die Geschichte wohl ausgegangen wäre, wenn sich ihre Mutter nicht mehr im Warte-, sondern bereits im Behandlungszimmer des Arztes befunden hätte, oder aber die Frau keine guten, sondern böse Absichten gehabt hätte ... Denn das einzige Erkennungsmerkmal für die damals Fünfjährige war ja ein Geländer mit einem roten Handlauf gewesen.

GLÜCK AM MEER

Lisa Neunkirch

Ohren lauschen
Meeresrauschen
Augen wandern ruhig umher
Blau der Himmel blau das Meer

Wellen schaukeln auf und nieder
Berühren sanft den Strand
Möwen kreischen ihre Lieder
Sand rinnt aus der Hand

Schritt um Schritt sind wir gegangen
Auf dem kühlen Meeressand
Welch ein freudig Unterfangen
Schätze finden Hand in Hand

Kinderaugen leuchten heiter
Schaun mich glücklich an
Nach dem Laufen weit und weiter
War Ruhezeit dann dran

Nun sitz ich hier im Dünenkissen
Auf meinem Schoß da schläft das Kind
Diesen Moment möcht ich nicht missen
Wo wir so still verbunden sind

Endlos könnt ich weiter träumen
Hier an diesem schönen Platz
Wo die Wellen cremeweiß schäumen
Doch schon bald erwacht mein Schatz

Dann lassen wir den Drachen steigen
Mit dem langen bunten Schwanz
Lachen bricht das traute Schweigen
Kinderplappern Augenglanz

SPRACHSPUREN
ODER VIEJEL DIE MORJENS PEIFEN HÖLT OAMENS DE KAAZ

Elisabeth Minarski

Neulich saß ich nachmittags auf der Terrasse eines Cafés am Hauptmarkt in der Sonne, trank ab und zu einen Schluck von meinem Eiskaffee und sah den Leuten zu, die vorbeigingen. Auf dem Markt sprach eine der Marktfrauen eine vorbeigehende Bekannte an: „Soa wat is dat gut, dat et nimmi su ränt." „Joa," antwortete die andere Frau, „bei ons hat et Spauzemännscher geränt. Awer et woar gut fir de Goarten." Mit halbem Ohr hörte ich auch den Unterhaltungen an den Nebentischen zu. An einem der Tische saßen mehrere Personen, die offensichtlich auch den kleinen Dialog gehört hatten und sich in feinem Hochdeutsch unterhielten über die schöne Stadt, die schöne Umgebung, die Mosel, die Weinberge und auch über die Sprache der Einheimischen. Vielleicht waren es Touristen, vielleicht aber auch Leute, die zwar in Trier wohnten, womöglich schon seit einigen Jahren, also die Stadt und ihre Umgebung ein wenig kannten, sich aber mit dem regionalen Dialekt noch nicht angefreundet hatten. Ich hörte abfällige Sätze über diesen Dialekt wie: „Was ist das für eine unmögliche Sprache, klingt fast gemein, irgendwie ungehobelt." Oder auch: „Was sind das bloß für Leute, die so sprechen?"

Das ließ mich als geborene Triererin aufhorchen.

Was mich etwas empörte, war der Gedanke, dass mit dieser Abwertung der Sprache auch eine Herabsetzung der Menschen, die sie sprechen, verbunden ist. Die Menschen, die diesen alten Dialekt tatsächlich noch beherrschen, das heißt, auch sprechen können, sind meiner Erfahrung nach ziemlich selten geworden. „Ons Sproach"[(1)], wie der Trierer sagt, droht auszusterben. Vielleicht hören die nicht in Trier Beheimateten mehr auf den Klang als auf den Inhalt der Worte. Oder sie hören nur die lauten, gewöhnlichen Töne der Straße und nicht die leisen, alltäglichen. Ich bin mit dieser regionalen Sprache aufgewachsen, für mich ist sie ein wenig Kindheit, Heimat und auch ein Stück Lebensalltag. Für die „echten" Trierer aus den verschiedensten Stadtteilen, wo sich erstaunlicherweise auch noch verschiedene Unterdialekte erhalten haben, ist sie ebenfalls noch lebendiger Alltag. Sie ist immer noch so lebendig wie die Menschen, die sie sprechen.

Ich sah weiter den Leuten zu, die vorbeigingen, als plötzlich jemand ausrief: „Oah hei, soa nuren!"[(2)] Ein alter Bekannter aus Kindertagen noch – Volksschule St. Martin in der Maarstraße – hatte mich gesehen und kam auf mich zu. Ich freute mich so sehr, die vertrauten Klänge meiner Kindheit wieder zu hören, dass ich ihm spontan zuwinkte, sich doch zu mir zu setzen und ein bisschen zu palavern oder schwätzen, wie man bei uns sagt. Obwohl wir uns viele Jahre nicht mehr gesehen hatten, unterhielten wir uns lange mit viel „Oah näh!"[(3)] und „wat woar dat schien dumoals"[(4)].

Ich dachte bei mir: Warum gelingt es nicht, Sprache, Heimatsprache, Muttersprache, Sprache der Kindheit wie auf Fotos festzuhalten und in ein Album zu kleben, damit man sie für kommende Generationen aufbewahren und zeigen kann? „Guck (hör?) mal, so haben die Leute in Trier gesprochen, als ich Kind war", so wie ich meinen Enkelkindern sagen kann: „Guck mal, so haben deine Großeltern und Urgroßeltern ausgesehen. In dem Haus haben wir gewohnt und wir hatten noch viel mehr Katzen als die, die ich hier als kleines Mädchen auf dem Arm habe."

Meine Oma aus der Maarstraße fiel mir ein, die „Moartfra"[5] gewesen war und obwohl sie schon vor mehr als 40 Jahren gestorben ist, ist sie in meiner Erinnerung noch sehr lebendig. Ich kann sie heute noch vor meinem inneren Ohr vom Aijerpittsgret erzählen hören (Pitt war ein Mann, der auf dem Markt Eier verkaufte, und Gret war seine Frau). Eine kurze Unterhaltung ging etwa so: „Watt kosten de Aijer? – E Groschen, de Gedätschen[6] de Hälft. – Ei dann dätscht mer noch en Dutzend."

Meine Oma hatte keine akademische Bildung, aber sie war doch eine kluge Frau gewesen und ich konnte sie noch sagen hören: „Watt zevill is, is zevill un wennet gebet is."[7] Wie ich selbst erst viel später in meinem Leben gelernt habe, war einer der Wahlsprüche, die über dem Orakel von Delphi gestanden haben: „Nichts im Übermaß". Da ging auch mir ein Licht auf, sie hat eine antike Weisheit in ihrer eigenen Sprache ausgedrückt.

Wir unterhielten uns noch eine ganze Weile in „unserer" Sprache. In solchen Situationen tauchen vielfältige Erinnerungen auf. Sie werden nicht immer nur durch optische Anreize geweckt. So war zum Beispiel die Suche nach dem Geschmack meiner Kindheit schwierig, niemand konnte Erbsensuppe so kochen wie meine Oma. Manchmal wecken Gerüche alte Erinnerungen, aber sie sind zufällig und flüchtig, ich kann sie nicht hervorrufen und festhalten. Aber die Sprache und die Redeweisen meiner Großeltern sind da, in meinen Ohren, in meinem Kopf. Ich kann sie abrufen, wann ich will, und auch selbst wiedergeben. Aber kann ich sie auch für meine Enkelkinder konservieren? Das geht nur, indem ich sie spreche. Darum ist es für die „echten Trierer" traurig, abfällige Bemerkungen über diese lebendige, gesprochene Sprache zu hören. Aber: Im Leben geht es immer auf und ab. Dinge geraten in Vergessenheit, Neues entsteht. Auch der schönste Morgensonnenschein ist am Abend vorbei. Ein anderer Spruch meiner Oma lautete: „Viejel, die morjens peifen, hölt oamens de Kaaz."[8] Wenigstens können wir diese Erinnerungen schriftlich festhalten.

Meine Unterhaltung mit dem Freund aus Kindertagen endete mit einem: „Oah näh! Ale Flaudes. Wei gie mer haam."[9]

(1) Unsere Sprache

(2) Ach hier, sag bloß!

(3) Ach nein

(4) Was war das schön damals

(5) Marktfrau

(6) die Angeschlagenen

(7) Was zuviel ist, ist zuviel, und wenn es gebetet ist.

(8) Vögel, die morgens pfeifen, holt abends die Katze.

(9) Alter Dummkopf. Jetzt gehen wir nach Hause.

PHILOSOPHIE EINES STEINS

Marita Lenz

Ein kleines Mädchen läuft am Strand entlang und entdeckt dort einen besonderen Stein.

Das Mädchen hebt den Stein auf und sagt zu ihm: „Du bist wunderschön, so glatt und ohne Makel, das Meer und die Wellen haben es stets gut mit dir gemeint."

„Siehst Du denn nicht, dass das Leben seine Spuren bei mir hinterlassen hat?", fragt der Stein das Mädchen.
„Die Linien und Risse an meiner Oberfläche sind Narben und zeugen von den kleinen und großen Verletzungen in meinem Leben."

„Gerade das macht dich so besonders", erwidert das kleine Mädchen. „Deine Wunden sind verheilt, du bist reifer und schöner geworden. Das Meer hat das Leid und die Schmerzen mit sich genommen.

Was bleibt, sind nur die Erinnerungen ..."

METAMORPH

Jutta Fantes

Das Wochenende hat seine Spuren hinterlassen, in meinem Alter schafft man keine tausend Kilometer Autofahrt mehr an zwei Tagen, ohne halbtot zu sein. Vor allem nicht acht Wochenenden nacheinander und bei der psychischen Belastung, der ich momentan ausgesetzt bin.

Also sitze ich wie so oft in letzter Zeit sonntags abends am Esstisch mit Papier und Stift. Irgendwie bin ich müde und irgendwie auch wieder nicht. Das Schreiben fällt mir schwer heute, nicht das Zulassen der Gedanken, sondern vielmehr das Halten meines Stiftes. Meine Finger sind nicht so locker wie sonst. Alles scheint wie immer zu sein, und doch auch wieder nicht. Trotz meiner Abgeschlagenheit verspüre ich eine Art der Ruhelosigkeit, so wie nach zu viel Kaffee, und trotzdem auch wieder ganz anders.

Mein Kater liegt leise schnurrend auf seinem Kissen, aber heute beruhigt mich sein Anblick nicht. Im Gegenteil. Mit zusammengekniffenen Augen schaue ich ihn an, muss immer wieder hinschauen, und irgendwie läuft mir das Wasser im Mund zusammen. Pervers, denke ich, das ist es doch wirklich, oder? Ich werde ihn vor die Tür setzen, er muss hier raus! Wäre er ein Steak auf meinem Teller, ich verstünde die Reaktion meines Körpers nur zu gut, aber so?! Seit zwei Tagen kein Fleisch gegessen, aber – muss ich dafür den Kater so gierig ansehen? Ich stehe auf, schleiche mich an ihn heran und hebe ihn hoch, ich widerstehe dem Wunsch, ihn in die Kehle zu beißen.

Ich schaue ihn an, will ihm sagen, dass er jetzt raus muss, raus in die Kälte, aber – es kommt nur ein Knurren über meine Lippen. Ein heiseres, leises und gefährliches Knurren, es macht mir Angst. Irgendetwas kann auch nicht mit meinen Augen stimmen, mein Blickfeld ist irgendwie – anders, und, ja, auch die Farben sind nicht so wie normal. Alles grauer, weniger bunt, anders eben. Dafür sehe ich plötzlich mehr als klar ohne meine Brille. Unglaublich!

Ich halte ihn in meinen Armen, den Kater, und ich sehe, wie sich seine Haare sträuben, sehe die Angst in seinen Augen, nehme seinen Geruch viel stärker und als sehr viel angenehmer wahr als sonst. Er sträubt sich gegen mich, wehrt sich, will fort. Bleib ruhig, Kater, denke ich, will es sagen, aber wieder kommt nur ein Knurren aus meiner Kehle. Außerdem verspüre ich wieder den starken Wunsch, meine Zähne in seinen Hals zu schlagen. Du bist abartig, denke ich, öffne die Haustüre, will ihn raussetzen, aber meine Hände halten ihn fest, meine Lippen ziehen sich wie von selbst nach oben, und ich weiß, ich blecke die Zähne. Geh endlich, denke ich knurrend, ziehe ihn gleichzeitig näher an mein Gesicht. Voller Panik schlägt er mir seine Krallen ins Gesicht, verfehlt um Millimeter mein rechtes Auge, ich jaule auf, lasse ihn los und greife in mein Gesicht. Es blutet. Ich liebe den Geruch meines Blutes, stelle ich fest, gierig leckt meine Zunge meine Finger ab. Warm und klebrig, ich weiß, dass es rot ist, rot sein muss, aber erkennen kann ich es nicht. Wahrscheinlich schon zu dunkel, um Farben zu erkennen, sagt meine noch vorhandene Logik.

Sehnsuchtsvoll verliere ich mich in der Betrachtung des Mondes, immer noch leckend, beneide die Wölfe, die ihn anheulen dürfen, das würde ich jetzt auch gerne tun: mich einfach hier hinsetzen, alle Gefühle und Töne aus meinem Bauch herausholen und einfach losheulen ...

Leicht bedrückt trotte ich zurück in mein Wohnzimmer, das Licht zu hell, der Wein, den ich eben noch mit Genuss gekostet habe, widert mich an. Sein Geruch steigt mir massiv in die Nase und das hat er eben noch nicht getan, denke ich unangenehm überrascht. Ich hole mir ein großes Glas Wasser, alles in mir lechzt plötzlich nach diesem frischen, klaren, kalten Wasser. Ich trinke das Glas gierig aus, fülle mir ein weiteres. Das Wasser, wie es aus dem Hahn strömt, fängt meinen Blick. Es fasziniert mich, wie es auf dem Boden des Spülbeckens ankommt, sich im Licht glitzernd verspritzt und gurgelnd verschwindet. Ich verschließe den Abfluss, lasse das kühle Nass sich im Becken sammeln, beobachte es, tauche meine Hände ein. Wie herrlich frisch und, weil Winter, vor allem eiskalt es ist! Ich denke an das stille, schwarze Wasser der Bergseen, nähere mein Gesicht dem Strahl, beuge mich ganz hinab und – beginne zu trinken. Mein Durst, schier unstillbar. Dann lecke ich mit der Zunge meinen Mund trocken, schüttle das Wasser von meiner Hand. Wie ein Tier, denke ich, du trinkst wie ein Tier, will etwas sagen, doch auch jetzt bringe ich nur ein Knurren, ein zwar sehr zufriedenes, tiefes, aber nur ein

Knurren zustande, mehr nicht, keine Worte, nichts!

So viele Stunden beim Psychologen, denke ich, und jetzt das! Du wirst verrückt! Du benimmst dich wie ein wildes Tier. In Gedanken schüttele ich den Kopf. Dann gehe ich zurück zum Tisch, will meinen Stift ergreifen, möchte weiterschreiben, aber ich schaffe es nicht! Die Finger zu kurz, die Nägel zu lang, die Hand irgendwie verkrampft, sie sieht kürzer aus, meine rechte Hand, kürzer als normal. Ich muss wirklich verrückt sein, total verrückt, denke ich, lecke mir kurz über meine juckende, linke Hand, dann beiße ich in kurzen Intervallen in meine Haut, lecke wieder, hingebungsvoll und total vertieft. Nein, es gibt jetzt nichts Wichtigeres als dieses Lecken und Beißen meiner juckenden Hand. Ich beknabbere kurz meine schwarzen, festen Nägel. Mit dem roten Nagellack muss es wohl lustig aussehen, denke ich, denn sehen kann ich den Nagellack nicht mehr. Trotz Licht, trotz Brille. Aber riechen kann ich ihn nur zu gut, diesen Nagellack, und schmecken. Widerlich, einfach wi-der-lich!

Und plötzlich beginnt mein Rücken fürchterlich zu spannen. Irgendwie zieht die Haut, die Muskeln schmerzen, mein ganzer Körper scheint zu jucken und ich habe den starken Drang, mich auf dem Boden zu wälzen. Eigentlich gar nicht so schlecht, diese Idee, Bodenkontakt mit meinem Rücken zu haben, denke ich. Ich springe vom Stuhl auf, stoße mich mit meinen Füßen von der Sitzfläche ab, stoße dabei den Stuhl um, werfe mich zu Boden und wälze mich – drehe und wälze mich, strecke alle viere von mir. Ich glaube, in meinem Leben habe ich noch nichts so genossen wie dieses herrliche Gefühl! Dann rolle ich mich zusammen, vergrabe mein Gesicht unter meinen Pfoten. Denn, überraschenderweise sind sie das jetzt, meine Hände sind starke, kurz behaarte Pfoten. Und meine Nase, dieses kleine nackte Etwas, ist zu einer langen, dunkelbehaarten, wunderschönen Schnauze geworden! Ich hebe meinen Kopf, wittere in die Luft – diese Gerüche in diesem Haus, unausstehlich, ekelerregend, denke ich. Der einzige Geruch, der mich nicht stört, ist der leichte Katzengeruch, der noch immer in der Luft hängt. Er riecht zart nach Maus und Blut. Alle anderen Gerüche sind so – menschlich, denke ich, so schrecklich menschlich! Sogar den Hundegeruch nehme ich als widerlich wahr. Er hat einen ekelerregenden Beigeruch, wahrscheinlich das blöde Dosenfutter, das ich an ihn verfüttere. Dass mir das noch nie aufgefallen war!! Ich werde das ändern. Es gibt ab sofort Fleisch für den Hund! Schönes rotes, lauwarmes Fleisch! Damit vergrabe ich meine Schnauze wieder unter meinen Vorderbeinen, seufze zufrieden auf und schließe genüsslich meine Augen.

Wie lange ich dann geschlafen habe, weiß ich nicht. Irgendwie spielt die Zeit auch keine Rolle mehr. Auf dem Teppich aufwachend, gähne ich, reiße mein Maul weit auf, lasse die Zunge sich ausrollen, ich kann sie sehen, meine feuchte Nase auch. Ich schnuppere kurz, wittere, blinzele, strecke mich auf der Seite liegend. Erst die Vorderbeine, schön und schlank und kräftig, dann die Hinterläufe. Dann springe ich auf, ein weiteres Strecken mit gebeugten Schultern und hochstehender Rute, gefolgt von einem leichten Zittern in meinem Körper, ich schüttele mich, stehe unbeweglich für einen Moment, wittere noch einmal kurz in die Luft mit langgezogenem Hals und genieße diesen Moment des Wieder-da-seins.

„Hunger", meldet sich mein Magen, er knurrt. Ähnlich wie ich gerade eben noch. Ich schlendere in die Küche, trinke gierig das Wasser aus dem Napf meines Hundes, der sich zurzeit bei meiner Freundin aufhält. Ich habe die Befürchtung, wäre er hier, ich könnte mich vergessen und ihn zerbeißen. Warum auch immer. Ekelhaft das Wasser, denke ich, mindestens schon drei Tage alt, überlege ich weiter, aber irgendwie gibt es auch einen undefinierbaren Geruch nach Essen in diesem Wasser. Ich stehe und stiere – Gedankenspuren summen durch meinen Kopf, ohne dass ich sie in eine Ordnung bringen könnte.

Hunger – fällt mir da wieder ein, und ich wittere erneut, die Schnauze hoch in der Luft, Kopf und Hals gestreckt. Mein Blick fällt durchs Fenster, der Vollmond bescheint den schneebedeckten Garten, taucht alles in sein fahles, kaltes Licht. Ich muss raus, muss raus hier! Alles, jede einzelne Faser meines Körpers drängt nach draußen. Raus, nur raus, der einzige Gedanke, der sich in meinem Kopf manifestiert, raus, ich brauche Luft, den Geruch nach Erde und Schnee, sehne mich nach der Kälte der Nacht. Die trockene Heizungsluft erstickt mich schier, die Wände des Zimmers werden enger, kommen immer näher. Ich spüre, wie Panik beginnt, sich in meinem Bauch breit zu machen. Ich fühle es jetzt sehr stark: Ich brauche Freiheit, und zwar jetzt, sofort, will, nein muss laufen, durch den Schnee traben und rennen bis ans Ende der Welt.

Gut, dass ich die Türen nicht abgeschlossen habe, gestern Abend vor langer, langer Zeit ... Mit einem Ruck stehe ich auf meinen Hinterbeinen, die Vorderpfoten erwischen die Klinke der Küchentür. Ich kralle mich an ihr fest, drücke mit übereinandergelegten Pfoten nach unten. Nach dem dritten Versuch springt die Tür endlich auf. Und schon scharre ich mit der rechten Pfote an der Tür zum Keller, zwänge zuerst meine Schnauze, dann meinen ganzen Kopf mit einiger Mühe hindurch. Das war etwas schwieriger, die Tür öffnet sich nach innen. Außerdem steht ein Schrank direkt daneben. Doch dann bin ich durch und hetze die Treppe hinunter, so schnell ich kann, auf dem letzten Drittel verliere ich den Halt, die Hinterbeine überholen die Vorderbeine, fast überschlage ich mich dabei.

„Die Tür zum Garten muss offen sein, sie muss offen sein, oder ich sterbe!", schießt ein Gedanke mir durch den Kopf. Kurz erfasst mich eine Panikwelle, ebbt aber gleich wieder ab, denn sie ist offen, die Tür ist auf! Ich kann es von oben aus erkennen. Ich hatte sie geöffnet, irgendwann, vor zwei Tagen, um den Kater hinauszulassen, dann wohl vergessen, sie wieder zu schließen. Welcher Leichtsinn, welches Glück! Und dann – endlich! Endlich rieche ich Luft und Erde und Schnee und kalt. Nicht mehr weit, blitzt es durch meinen Kopf. Den Schwanz hocherhoben renne ich auf die Tür zu, zwinge meinen schmalen, langen Körper durch den Spalt. Die Tür ist geöffnet, ja, aber sie ist mit einer kurzen Kette gesichert. Sie lässt normalerweise nur einen geschmeidigen Katzenkörper durch, doch ich drücke, zwänge, knurre, jaule und dann bin durch.

Geschafft! Ich bin im Garten, in meinem Garten! Vollmondbeschienen, schneeweiß, glitzernd, für einen Moment bleibe ich hechelnd stehen. Würde ich nicht hecheln, ich hielte die Luft an. Ich bin draußen, bin frei, bin endlich frei! Ich schnappe nach Luft, hechle weiter vor Aufregung, dann der erste tiefe Atemzug, meine Lungen füllen sich mit der klaren, sauberen Luft. Sie schmeckt kalt, schmeckt neu und riecht nach Leben! Ich laufe zu dem kleinen Hügel neben dem Teich, hebe das Bein an der unbelaubten Birke. Mein Urin soll jedem sagen, ich war hier, das ist mein Gebiet, bleibe weg, wage es nicht ... Es ist mein Garten, mein Leben. Ich!

Ich trabe zum Zaun, erinnere mich an das noch immer zu flickende Loch darin, ich trotte jetzt langsam darauf zu. Ich habe Zeit, viel Zeit, jetzt. Die Nacht ist noch lang, was morgen sein wird, egal. Mühsam und mit allen vier Pfoten scharrend schiebe ich mich durch das Loch, meine Rute steht hoch und gestreckt, ich fühle mich herrlich – aber noch immer so wahnsinnig hungrig! Hungrig wie nie zuvor in meinem Leben. Ich denke an „Kaninchen" und ich weiß, bald, sehr bald, würde ich, der Wolf, auf einem Hügel sitzen, in meinem Wald, und würde heulen mit meiner rauen Wolfsstimme, würde singen von der Schönheit des Vollmondes, von der Fülle des Lebens, der Gier, der Lust.

Die Kälte des Schnees unter den Ballen meiner Pfoten, die Schnauze an den Boden gedrückt mache ich mich auf die Suche und dann, ganz plötzlich ist sie da! Zuerst nur als zarte Erinnerung eines Geruchs, ich folge ihr, schnüffle nach links, nach rechts, laufe weiter.

Jetzt wird der Geruch stärker, sogar sehr stark! Es ist eine Fährte mit starkem Geruch nach – ich schnüffele den Boden zur Sicherheit noch einmal ab – ja, da ist eine Fährte mit starkem Geruch nach Kaninchen, nach wundervollem, warmem, zartem Fleisch und dann kann ich sie im Schnee auch sehen, die Spur des vor mir fliehenden Kaninchens.

AUF ZUCKMAYERS SPUREN

Anita Koschorrek-Müller

Es ist kalt. Dunkle Schatten liegen über dem Tal. Es wird noch einige Zeit dauern, bis die Sonne aufgeht. Nebelschwaden hängen an den Bäumen, die sich an schroffen Berghängen anlehnen. Oberhalb der Waldgrenze kann man einen weißen Schimmer erahnen. Ob es heute Nacht geschneit hat? Das wäre im September in diesen Höhen nichts Ungewöhnliches.

Heute will ich den Weg gehen, den Carl Zuckmayer in seiner Erzählung „Die Hohe Stiege" beschrieben hat. Vor einigen Jahren hatte ich in seinem Buch „Als wär's ein Stück von mir" diesen Epilog gelesen und war beeindruckt. Zuckmayer und seine Frau sind den Weg 1938 gegangen, als das Bergdorf Saas-Fee noch nicht mit dem Auto erreichbar war. Ein Maultierpfad führte damals hinauf zum Dorf auf fast 1800 m Höhe und der Kreuzweg „Zur Hohen Stiege".

Ich marschiere los. Mein Rucksack fühlt sich gut an, so vertraut, obwohl ich weiß, dass er heute Abend, wenn ich von meiner langen Wanderung müde zurückkehre, auf den Schultern lasten wird. An der Rundkirche Maria Himmelfahrt vorbei führt mich mein Weg ans Ufer der Vispa, einem kleinen Gebirgsfluss, der, gespeist vom Wasser der Gletscher, hier zu Tal eilt. Sachte geht es bergauf, immer am Fluss entlang. Ich lausche. Kleine Flüsse sind gesprächig. Sie erzählen Geschichten, quasseln in einem fort, murmeln, glucksen, plätschern. Meine Bergschuhe finden in der Morgendämmerung den Weg über den schmalen Steig. Frost knirscht unter den dicken Sohlen. Das Tal wird breiter und bietet einer Ansiedlung Platz. Auf einem verwitterten Hinweisschild ist der Ortsname zu lesen: Bidermatten. Der Wanderpfad windet sich zwischen alten Walliserhäusern hindurch, mit ihren gemauerten Fundamenten und dem braungebrannten Holzaufbau, die verschachtelt, scheinbar planlos, beieinander stehen.

Es riecht nach Stall, nach Kühen und Ziegen. Die Bewohner der winzigen Ortschaft sind schon wach, haben die Öfen angeheizt. Aus den Schornsteinen steigt Rauch senkrecht in den blassen Himmel, der die Nacht noch erahnen lässt.

Mein Weg geht weiter bergan, an kleinen Gärten vorbei, die von krummen, ausgebleichten Holzzäunen eingefasst sind. Es ist nur ein Trampelpfad, der zwischen den Wiesen zur nächsten Ortschaft führt. Der Morgen kündigt sich an und Raureif glitzert in der zunehmenden Helligkeit. Nun muss ich achtsam sein, damit ich die Abzweigung, an der der Weg hinauf nach Saas Fee führt, nicht verpasse. Nach dieser Weggabelung geht es auf dem Kreuzweg „Zur Hohen Stiege" in Kehren steil bergan. Linkerhand rauscht der Fee-Bach zu Tal. Fünfzehn Kapellen säumen den Weg hinauf bis zur eigentlichen „Kapelle zur Hohen Stiege", in denen das Leiden Jesu, bis hin zur Kreuzigung, dargestellt ist. So hat es Carl Zuckmayer in seiner Erzählung beschrieben.

Immer wieder bleibe ich stehen und schaue mich um. Die Sonne geht auf! Sie klettert über den Rand der Berge und schon bald reichen ihre Strahlen bis zum Grunde des Tals. Der Frost hat nun keine Chance mehr. Binnen kurzer Zeit hat die wärmende Sonne dem Raureif den Garaus gemacht und die Wiesen leuchten in sattem Grün. Je höher ich steige, umso weiter wird das Tal. Das Panorama ist atemberaubend. Anfangs schaue ich noch in die kleinen Kapellen am Weg, betrachte die holzgeschnitzten Figuren, die den Leidensweg Christi darstellen. Doch nach und nach werden die Szenen immer brutaler. Ich wende mich ab, will die Schönheit der Natur um mich herum genießen und keinen Folterknechten zuschauen, wie sie einen Menschen quälen und zum bitteren Ende an ein Kreuz nageln. Mit gesenktem Kopf gehe ich weiter und mein Blick fällt auf die Felsbrocken und Steine, die den Weg säumen. Aufmerksam betrachte ich deren unterschiedliche Beschaffenheit und Färbung, die die Natur in Jahrmillionen erschaffen hat. Der Weg öffnet sich, wird breiter, und ich wandere an Lärchen vorbei, deren rötliche Rinde im Kontrast zu den grünen Nadeln steht. Angelehnt an eine Felswand steht dort die Wallfahrtskirche „Maria zur Hohen Stiege". Über dem Torbogen lese ich die Zahl 1746. Wie viele gläubige Menschen haben diese Kirche schon aufgesucht und dort gebetet?

Gegen den blauen Himmel zeichnen sich bereits einige schneebedeckte Gipfel der Bergkette mit den elf Viertausendern ab, die den Ort Saas-Fee umrahmen. Noch den Steilpfad aus steinernen Stufen hinauf und eine Biegung und ich werde die ganze Pracht dieser Berge erblicken, die damals, vor vielen Jahren, auch Zuckmayer und seine Frau so beeindruckt, ja fasziniert hatten. Hier wird sich nichts verändert haben, denn die Berge sind für die Ewigkeit …

Ich bleibe wie angewurzelt stehen und schaue auf die Betonwand eines Parkhauses. Die kühle Luft der Gletscherwelt, vermischt mit dem Hauch von Abgasen, weht mir entgegen. Ernüchterung macht sich breit.

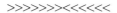

Als Carl Zuckmayer und seine Frau einst diesen Weg gingen, war die Welt noch in Ordnung. Keine Blechlawine musste vor dem Ort abgebremst werden, damit sie dieses damals noch so beschauliche Bergdorf nicht unter sich begräbt.

Doch war die Welt wirklich in Ordnung? Man schrieb das Jahr 1938. Zuckmayers Werke fielen 33 der „Aktion wider den undeutschen Geist" zum Opfer. Seine Bücher waren seitdem in Deutschland verboten und Zuckmayer setzte sich nach Österreich ab. Nach dem Anschluss Österreichs an das nationalsozialistische Deutsche Reich musste er das Land verlassen und emigrierte 1939 in die USA.

Dann lieber über eine Blechlawine hinwegsehen, den Geruch von Abgasen ausblenden und die majestätischen Berge betrachten, die nichts von ihrer Schönheit eingebüßt haben, als die Zensur des Wortes aushalten zu müssen.

Die Welt ist eben nie in Ordnung.

Carl Zuckmayer, ein deutscher Schriftsteller, der 1896 in Nackenheim am Rhein geboren wurde, hat in der Literatur Spuren hinterlassen. Zu seinen bekanntesten, zum Teil auch verfilmten Werken zählen: Der Hauptmann von Köpenick, Des Teufels General, Schinderhannes, Die Fastnachtsbeichte. Er starb 1977 in Saas-Fee, Schweiz, und fand dort seine letzte Ruhestätte.

DIE MACHT FREMDER HERZEN

Frank Andel

"... ein hellbrauner Hund rennt bellend auf mich zu ... und dann wache ich auf", erzählte die junge Frau in dem weißen Overall und rutschte unruhig auf ihrem Stuhl herum. Ihre großen, blauen Augen blickten verunsichert in die Kamera.

„Das ist wirklich ungewöhnlich", murmelte jemand außerhalb des Sichtfeldes. „Hast du sonst noch etwas zu berichten, Alpha 8-3-12?"

Die Frau runzelte kurz die Stirn, dann fuhr sie fort: „Seit einigen Tagen habe ich diese Träume. Ich träume von diesem Hund, von einer Farm am Rand einer sichelförmigen Schlucht, von einem älteren Mann und seiner Frau. Sie sind nett zu mir. Sie behandeln mich ebenbürtig. Es kommt mir alles so vertraut vor. Was hat das zu bedeuten, Dr. Calvin?"

Bevor ihr Gegenüber zu einer Antwort ansetzen konnte, flackerte die Aufnahme und fror ein.

Doch Stone starrte noch einen Moment auf das Visier seines Motorradhelms, auf dem die Aufnahme abgespielt worden war.

Dann blickte er auf ein kleines Foto, das an seinem Schlüsselkartenbund hing. Mit ihren tiefblauen Augen und dem schmalen Gesicht sah die lachende Frau auf dem Foto der Frau aus dem Video überaus ähnlich.

Stone wusste nicht, warum er dieses Bild bei sich trug. Es hatte irgendeine Bedeutung, aber er konnte sich nicht mehr daran erinnern. Seine Erinnerungen waren größtenteils bruchstückhaft – wie Splitter eines zerbrochenen Spiegels.

Aber er störte sich nicht daran. Immerhin wusste er, dass es eine Sache gab, die beide Frauen unterschied: Bei der von den Mecha-Psychologen befragten Person handelte es sich nicht um einen echten Menschen!

Stone ging über den nächtlichen Parkplatz der Raststätte und dachte wieder an das Gespräch mit der Vertreterin des Hikari-Instituts wenige Stunden zuvor: „Es handelt sich um einen hochentwickelten Androiden", hatte die Frau gesagt. „Eine besondere Maschine: organische Haut über einem mechanischen Skelett, angetrieben von einem menschlichen Herz."

„Wer war der Spender?", fragte Stone.

„Es war eine Spenderin, ein achtjähriges Mädchen aus Neo Sydney namens Erica Carson. Sie starb im Juni 2050 bei einem Unfall."

Vor vier Jahren, dachte Stone. *Damals war doch noch etwas anderes gewesen.*

Bilder flackerten vor seinem geistigen Auge auf: ein weißes Treppenhaus, flüchtende Menschen, Polizisten mit Abwehrschilden und Sturmgewehren, heranstürmende Roboter, aufflammendes Mündungsfeuer ...

Aber das Ganze fügte sich nicht zusammen und er widmete seine Aufmerksamkeit wieder der Vertreterin des Instituts. „Anscheinend hat die Maschine durch das Herz ein eigenes Bewusstsein entwickelt", sagte diese. „Und sie ist uns kürzlich entwischt."

Maschinen!, dachte Stone. *Jahrelange Entwicklung und sie sind noch immer unzuverlässig! Dumme Au-*

tomaten, nicht viel intelligenter als Taschenrechner. Menschen sind viel verlässlicher.

Und daher hatte er auch kein Problem damit, als freischaffender Maschinenjäger, als sogenannter Metallhüter, abtrünnige Roboter aufzuspüren und gegebenenfalls aus dem Verkehr zu ziehen.

„Bringen Sie unsere Maschine zurück", wies ihn die Frau vom Institut an. „Und wenn sie sich weigert oder zu fliehen versucht ...", ihr Gesicht blieb so ausdruckslos, wie das eines Roboters der ersten Generation, „... dann ziehen Sie sie aus dem Verkehr."

„Wie kann ich sie finden?", fragte Stone.

„Jeder Maschine des Instituts wird aus Sicherheitsgründen ein Peilsender eingebaut, um sie überall aufspüren zu können."

„Warum suchen Sie dann nicht selbst?"

„Wir haben andere Verpflichtungen. Und wir brauchen jemanden mit Ihren speziellen Fähigkeiten, um sich der Sache anzunehmen." Sie betrachtete ihn kühl. „Immerhin schulden Sie uns noch einen Gefallen, dafür, dass wir Ihnen damals geholfen haben."

Einen Gefallen, dachte er. *Ein weiterer von vielen.*

Er war der Spur der Maschine bis zu einer Raststätte gefolgt. Stone betrachtete den blutigen Peilsender in seiner Hand, an dem eine rote Mikro-Diode blinkte. Er hatte den Sender gerade in einem Mülleimer gefunden. Die Maschine musste von seiner Existenz gewusst und ihn sich selbst entfernt haben. *Clever.*

Offenbar wollte die Maschine nicht gefunden werden. Seltsam auch, dass sie Träume hatte. Wie konnte eine Maschine etwas haben, das über ihre normalen

Funktionen hinausging? Es sei denn, die Theorie des Instituts stimmte, dass Roboter mit organischen Komponenten irgendwann Züge der Persönlichkeit ihres Spenders übernahmen. Stone hatte bereits früher davon gehört. Esoteriker nannten es ‚Fragmente der Seele'. Er selbst nannte es Schwachsinn, denn ihm war egal, was diese Maschine zu empfinden glaubte. Sein Auftrag war eindeutig. Aber wenn die Maschine ein menschliches Herz besaß, konnten sich in ihren Aussagen Hinweise auf ihren Verbleib befinden.

Was hatte sie gesagt? Eine Farm am Rand einer sichelförmigen Schlucht? Und es käme ihr vertraut vor.

Es musste ein Ort sein, den die Spenderin des Herzens kannte. Aber nicht ihr Zuhause, immerhin hatte sie in Neo Sydney gelebt.

Mit seinen Nano-Implantaten hackte sich Stone in einen Überwachungssatelliten, der im Orbit über Australien schwebte. Die Sicherheitssperren stellten kein besonderes Hindernis für ihn dar. Im Umfeld von Neo Sydney suchte er nach einer Schlucht mit einer Farm und wurde bald fündig.

Stone schwang sich auf sein Motorrad und steckte die Zündkarte in den Anlasser. Dabei fiel sein Blick nochmal auf das Bild der lachenden Frau. Wer sie wohl war?

Plötzlich hörte er eine weibliche Stimme rufen: „Was ist nur los mit dir?"

Stone blickte sich um, konnte aber niemanden sehen, der Parkplatz war menschenleer. Er schob den Peilsender in seine Jackentasche. Er hatte einen Auftrag und er würde ihn ausführen.

Stone schaltete den Nachtsichtmodus seines Helmes ein, drehte am Gasgriff der Maschine und jagte mit röhrendem Motor auf die nächtliche Autobahn.

Drei Stunden später erreichte er die Farm, die etwas abseits der Landstraße lag. Am fernen Horizont kündigte sich bereits der nächste Tag mit einem flüchtigen Silberstreifen an, während die felsige Umgebung noch dunkel blieb.

Das Grundstück wurde nur durch einen einfachen Maschendrahtzaun begrenzt, keine Sicherheitsmaßnahmen.

Stone stieg vom Motorrad und zog seine Plasmaflinte aus der seitlichen Haltevorrichtung, kletterte mühelos über den Zaun und schlich zum Farmhaus. Es brannte kein Licht. Also hatte er leichtes Spiel. Wo sie wohl die Maschine aufbewahrten?

Als er an einer Ansammlung laut summender Generatoren vorbeikam, wurden seine Schritte langsamer. Es handelte sich um alte Generatoren. Im Institut und in den Städten wurden bereits fortschrittlichere Modelle eingesetzt.

Plötzlich begann sein Herz schneller zu schlagen, ein stechender Schmerz breitete sich aus und er schnappte nach Luft. Was ging hier vor? Er zwang sich jedoch weiterzulaufen und nach ein paar Metern beruhigte sich sein Puls wieder.

Da hörte er plötzlich ein Scharren, das rasch näher kam und im nächsten Augenblick stürmte ein hellbrauner Hund bellend auf ihn zu.

Stone hob das Gewehr und zielte. Der Schalldämpfer

würde den Knall verschlucken. Sein Finger krümmte sich um den Abzug.

„Gut gemacht, Isaac!", rief eine Stimme und dann: „Keine Bewegung! Weg mit der Waffe!"

Im nächsten Augenblick traf gleißendes Licht Stones Gesicht und er riss sich den Helm runter, bevor seine Augen durch die verstärkte Nachtsicht Schaden nehmen konnten. Ein hagerer Mann im Mantel schritt mit einer Plasmaflinte auf ihn zu und blieb zwei Meter entfernt stehen. Stone erkannte ihn sofort aus den Daten des Instituts wieder: Es war der Vater der Spenderin, Joe Carson. Er richtete seine Waffe auf ihn.

„Wer sind Sie?", fragte Carson schroff.

„Stone, Metallhüter."

„Und was haben Sie dann auf meinem Grundstück verloren?"

„Sie gewähren einem flüchtigen Androiden Unterschlupf", kam Stone gleich zur Sache.

Carson blickte ihn überrascht an. „Woher wis...?"

Stone nutzte seine Überraschung, sprang vor und trat ihm das Gewehr aus den Händen. Es landete ein paar Meter weiter im Staub.

„Das Institut will seine Maschine zurück", sagte Stone mit seiner Flinte im Anschlag.

„Aber sie möchte hier bleiben."

„Sie meinen, *Sie* möchten, dass *es* hier bleibt", sagte Stone. „Weil das Herz Ihrer Tochter darin schlägt? Es bleibt trotzdem nur eine seelenlose Maschine. Sie haben das Herz gespendet. Und daher haben Sie nicht das Recht, darüber zu entscheiden."

„Und wer dann?", fragte plötzlich eine raue Stimme

hinter ihm. Stone sah zur Seite und da stand sie: die Maschine. Wie im Video ähnelte sie auf verblüffende Weise einer jungen Frau mit dunkelbraunen Haaren, blauen Augen und einem scharf geschnittenen Gesicht. Allerdings trug sie nicht länger den weißen Overall des Instituts, sondern einfache Bauernkleidung – Jeans und ein kariertes Hemd. Im Gegensatz zu Carson sah sie überhaupt nicht müde aus, sondern überaus aufmerksam und neugierig.

Stone blinzelte. Für einen Augenblick hatte er gedacht, die Frau von seinem Foto stünde vor ihm, und er hörte erneut eine Stimme klagen: „Was ist nur los mit dir? Ich erkenne dich nicht wieder! Du bist so ... so ..."

Aber außer Carson und der Maschine war niemand anwesend.

„Ich komme nicht mit dir", sagte die Maschine. „Ich will hier bleiben."

„Das kannst du nicht entscheiden, Alpha 8-3-12", entgegnete Stone. „Du bist Eigentum des Instituts. Sie bestimmen über dich."

„Genauso wie sie über dich bestimmen?"

„Was?"

„Du bist ihre Marionette."

„Das stimmt nicht!"

„Warum bist du dann hier?"

„Weil es mein Auftrag ist."

„Siehst du? Du folgst Befehlen, ohne sie infrage zu stellen. Du bist selbst wie eine Maschine."

Stone griff die Waffe fester. Etwas in ihren Worten beschämte ihn.

„Anima, du solltest ihn besser nicht provozieren", meinte Carson.

„Anima?", wiederholte Stone.

„Das ist mein Name", beharrte die Maschine.

„Sie haben der Maschine einen Namen gegeben?", fragte Stone Carson.

„Den Namen habe ich mir selbst gegeben", widersprach sie. „Er stammt aus der Erinnerung meiner Spenderin."

„Es war der Name von Ericas Lieblingspuppe", warf Carson traurig ein. „Sie behauptete, diese Puppe hätte eine Seele, und meine Frau schlug den Namen vor."

„Ich mag die Bezeichnung Alpha 8-3-12 nicht", fuhr Anima fort. „Und ich mag auch das Wort Maschine nicht. Ich bevorzuge den Begriff mechanische Person. Denn genau das bin ich. Genauso wie du."

„Was?"

Erst jetzt bemerkte Stone, dass sie ihn anstarrte, und er fühlte etwas, das ihn überraschte: Unbehagen.

„Du bist selbst wie eine Maschine", wiederholte sie. Ihre Augen weiteten sich plötzlich. „Nein, du bist *beinahe* eine Maschine."

„Was?"

„Ich kann es sehen. Du hast ein Reaktorherz. Es strahlt eine Menge Energie aus. Auch deine Arme, Beine und ein Teil deines Torsos sind maschinell, verborgen unter einer teilweise geklonten Haut."

Unwillkürlich fuhr seine Hand zu der Stelle, an der sich sein Herz befand, während er Anima weiterhin musterte. Sie wirkte vollkommen aufrichtig. Wie sollte sie auch lügen? Maschinen konnten gar nicht lügen.

Stone erstarrte. *Nein!* Durch den Stoff seiner Kleidung konnte er tatsächlich ein leichtes, gleichmäßiges Vibrieren spüren. Seltsam, dass ihm das bisher nicht aufgefallen war.

„Wie kam es zu deinem Zustand?", fragte Anima mit besorgter Miene.

Weitere Erinnerungssplitter drangen in Stones Bewusstsein: ein schmutziger Boden, Verletzte, Schreie, Blut, Sirenen in der Ferne, Polizisten und Sanitäter eilten herbei und hoben ihn hoch, ein weißes Licht ...

„Ein Einsatz", erkannte er mit plötzlicher Gewissheit und erschauderte. „Aber es war doch nur ein Arm."

„Nein, das Institut hat eine Maschine aus dir gemacht", beteuerte Anima. „Vielleicht warst du schwerer verletzt, als du wusstest. Oder, als man dich glauben machte."

Das Institut! Plötzlich musste er wieder an seinen Auftrag denken. „Das spielt keine Rolle! Du kommst mit mir!"

Er griff in seine Jackentasche und warf den Inhalt vor Animas Füße. „Leg dir die Handschellen an!"

Doch Anima runzelte die Stirn und hob verwundert einen Bund Schlüsselkarten auf.

Was zum ...? Was war nur los mit ihm? Er hatte in die falsche Tasche gegriffen!

„Wer ist das?", fragte Anima und hielt das Bild mit der jungen Frau hoch, die ihr so ähnelte. Ein Schauer ging durch Stones Körper. Für einen Sekundenbruchteil blitzte die Frau wieder leibhaftig vor ihm auf: Sie war über ihn gebeugt und hielt seine Hand. Ihr Gesicht war tränenüberströmt und gerötet.

„Hier können sie nichts mehr für dich tun", presste sie mit tränenerstickter Stimme hervor. „Aber sie können dich lange genug am Leben erhalten, um dich an einen Ort zu bringen, wo man dir helfen kann."

Dann sah Stone wieder den nächtlichen Hof.

Was geschah hier nur mit ihm?

„Julia", murmelte er. Ja, das war ihr Name gewesen. Julia Silverstone. Und sie war ...

„Ist das deine Frau?", fragte Anima.

„Das war sie."

„Ist sie tot?"

„Nein. Ich glaube nicht."

„Warum bist du nicht bei ihr?"

„Ich weiß es nicht."

„Liegt es an deinem Herzen?"

Stone blinzelte. Erneut sah er Julia vor sich: Sie stand mit tränenüberströmte Gesicht in einer Küche und wimmerte. „Was ist nur los mit dir? Ich erkenne dich nicht wieder! Du bist so ... so ... kalt und abweisend!"

„Es macht dir unmöglich, mit deiner Frau zusammen zu sein, nicht wahr?", hörte er Anima sagen und das brachte ihn zurück in die Gegenwart. „Du spürst ihre Nähe nicht mehr."

„Woher willst du das wissen?", fragte er verblüfft. „Was weißt du denn davon? Du bist eine Maschine!"

„Ich habe die anderen Maschinen im Institut beobachtet", erklärte sie gelassen. „Sie sind leblos, sie können nicht mitfühlen. Bei mir ist es anders."

Mit einer Armbewegung schloss sie das gesamte Farmgelände ein. „Wenn ich an diesem Ort bin, dann spüre ich etwas: eine seltsame Vertrautheit und Nähe.

Auch, wenn ich es noch nicht richtig verstehe. Aber ich glaube, das liegt an meinem menschlichen Herzen. Und vielleicht liegt deine Kälte an deinem maschinellen Herzen."

Der Gedanke war ihm noch nicht gekommen. Sie reichte ihm den Bund und er blickte nachdenklich auf das Bild. Hatte ihn das Maschinenherz wirklich entmenschlicht und zu dem gemacht, was er am meisten verachtete? Zu einer seelenlosen Maschine?

Als er Julia auf dem Bild sah, erkannte er, dass etwas nicht stimmte, dass er eigentlich etwas beim Anblick seiner Frau empfinden musste. Irgendwas. Aber er empfand nichts. Da war nur eine seltsame, dumpfe Leere, an die er sich bereits gewöhnt hatte, und die ihm erst jetzt bewusst wurde. Und da traf es ihn wie ein Faustschlag in den Magen: Das Reaktorherz hatte ihm wirklich seine Menschlichkeit genommen.

„Ich muss dich dennoch mitnehmen", sagte er. „Es ist mein Auftrag." Er griff nach ihrem Arm. „Und ich führe meine Aufträge aus."

Doch Anima schüttelte energisch den Kopf und riss sich los. „Nein, ich gehe nicht zurück!", widersprach sie trotzig wie ein Kind. „Ich will nicht! Ich hasse das Institut!"

„Wenn du nicht freiwillig mitkommst, werde ich dich deaktivieren", sagte Stone und hob den Lauf seiner Plasmaflinte. „Du hast die Wahl."

Anima rührte sich nicht, sondern beobachtete ihn nur angespannt.

„Wie du willst." Sein Finger schob sich über den Abzug.

„Paps", sagte Anima ängstlich.

Carson trat zwischen die beiden. „Bitte tun Sie es nicht."

Denkt er wirklich, er kann mich davon abhalten?, dachte Stone. *Da liegt er falsch. Wenn das Maschinenherz mich wirklich entmenschlicht, dann ist es mir sowieso egal. Vollkommen egal.*

Er stieß ihn einfach zur Seite. Anima wollte Carson zu Hilfe eilen, doch Stone herrschte sie an: „Bleib, wo du bist!"

Sie blieb wie angewurzelt stehen. Er griff die Waffe fester.

DU HAST EINEN AUFTRAG!, sagte eine Stimme in seinem Kopf. TÖTE SIE!

„Es ist mein Auftrag", wiederholte er.

Animas empfindsamer Blick drang ihm ins Mark. „Ich verstehe deine Verwirrung", sagte sie. „Auch mich hat meine Existenz zuerst irritiert."

HÖR NICHT AUF SIE!, sagte die Stimme. TÖTE SIE!

Sein Finger krümmte sich langsam um den Abzug.

„Teile deines Körpers und dein Herz mögen maschinell sein", fuhr Anima fort, „aber dein Gehirn ist organisch. Es gibt also noch etwas Menschliches in dir. Und wenn ein einfaches Organ wie ein Herz wirklich Teile einer Persönlichkeit übertragen kann, dann liegt im Gehirn womöglich die eigentliche Seele. Und somit hast du weiterhin Kontrolle über dich, nicht dein Maschinenherz. Du kannst dich so entscheiden, wie du willst. Es liegt allein bei dir. Du hast die Wahl."

Stone wollte abdrücken, um zumindest diesen Teil

seines Auftrages zu erfüllen. Aber etwas in ihm ließ ihn zögern.

Bin ich wirklich eine seelenlose Maschine, die blind Befehlen gehorcht?, dachte er. *Oder habe ich noch einen eigenen Willen?*

TÖTE SIE!, sagte die Stimme in ihm erneut.

Doch da huschten weitere Fragmente vor seinem geistigen Auge vorbei: Julia saß auf einer sonnigen Wiese auf einer Picknickdecke, lehnte sich zurück und lächelte ihn breit und unbekümmert an. Er konnte nicht verstehen, worüber sie sich unterhielten, doch plötzlich wurde ihr Gesicht ernst und nun hörte er ihre Stimme so deutlich, als säße sie direkt vor ihm: „Versprich mir eines, Tom", bat sie, „versprich mir, dass du niemals einen Menschen im Einsatz tötest."

SIE IST *KEIN* MENSCH!, drängte die Stimme in ihm. SIE IST NUR EINE VERDAMMTE MASCHINE!

Stone starrte am Lauf der Waffe vorbei auf Anima. Sie strahlte so viel Gefühl und Verletzlichkeit aus, dass man sie mühelos für einen echten Menschen halten konnte, selbst Carsons Hund stand schwanzwedelnd neben ihr.

TÖTE SIE! ES IST DEIN AUFTRAG!

Alles drehte sich in seinem Kopf: Wer war denn nun wirklich der Mensch – und wer die Maschine?

TÖTE SIE!

Sein Finger krümmte sich weiter um den Abzug.

Nein.

Er kämpfte dagegen an. Seine Hand zitterte.

SIE IST NUR EINE MASCHINE!

Da bemerkte er, dass Anima vor Angst zitterte und sie Carsons Hand fest umklammerte. Das ließ Stone noch mehr zweifeln, ließ diesen Auftrag sinnlos und falsch, ja, unmenschlich erscheinen, so, als würde er eine Familie auseinanderreißen. Und das machte sein Vorhaben noch grausamer und sinnloser.

TÖTE DIESE MASCHINE!

Nein!, dachte er schließlich. *Sie ist so viel mehr als das. Sie ist etwas Besonderes. Eine besondere Maschine. Nein, eine besondere* Person.

Langsam ließ er die Waffe sinken. Er bemerkte, wie Anima und Carson erleichtert aufatmeten.

Ohne ein weiteres Wort schnappte sich Stone seinen Helm und rannte zu seinem Motorrad zurück. Er musste hier weg, bevor er noch vollkommen verwirrt wurde.

Hinter sich hörte er Anima noch „Danke!" rufen.

Mittlerweile war der Tag angebrochen und ein fahles Zwielicht erhellte Teile der Einöde, während andere im Schatten blieben.

Stone erreichte sein Motorrad und sprang auf. Doch dann starrte er ein paar Minuten lang ins Leere und versuchte, die Eindrücke der letzten Minuten zu verarbeiten. Er sah noch mal auf das Bild an seinem Kartenbund, schob langsam den Daumen über Julias Gesicht. Ein Lächeln stahl sich in seine Züge.

Hinter ihr konnte er ein Krankenhaus erkennen. War das nicht das St. Helen´s Hospital in Neo Sydney? Am besten suchte er zuerst dort nach ihr. Er wollte sie gerne wiedersehen und mit ihr über die Vergangenheit sprechen. Er wusste nicht, ob sie eine gemeinsame Zukunft hatten, aber einen Versuch war es zumindest wert.

Und vielleicht sollte er anschließend zum Institut fahren und seine Auftraggeber zur Rede stellen, was es mit seinem Reaktorherzen auf sich hatte, auch, wenn er damit gegen seinen Auftrag verstieß. Aber es gab wichtigere Dinge als den Auftrag des Instituts. Dinge, die er viel zu lange nicht gewusst hatte und die er nun lieber erledigen wollte. Er wollte Klarheit. Zum ersten Mal seit langem.

Stone setzte seinen Helm auf, gab dem Motorrad die Sporen und brauste die staubige Landstraße hinauf, dem fahlen Sonnenlicht entgegen.

SCHMALE SPUR ZUR ZWEITEN CHANCE

Christine Reiter

Stets ging sie dienstags in den Spanischkurs, und das schon seit zehn Jahren. Und immer kam sie dann um neun Uhr nach Hause. Susanna schaute auf die Uhr – okay, heute Abend war es ein bisschen später geworden, zehn Minuten, um genau zu sein, sie hatte sich mit anderen Kursteilnehmern ein wenig verquatscht. Von Anfang an waren es dieselben Teilnehmer; mittlerweile kannte man einander gut und unterhielt sich gern. Trotz allem bemühte sie sich immer darum, pünktlich zuhause zu sein. Wenn die Anderen in die Kneipe neben dem Schulgebäude gingen, war das für sie kein Thema; sie wusste ja, dass Uwe auf sie wartete. Sie schloss die Wohnungstür auf und rief wie immer im Flur ein fröhliches „Hallo". Als Antwort kam dann stets ein „Hallo" aus dem Wohnzimmer, wo er fernsah.

Heute allerdings – Stille.

„Hallo", rief sie wieder, während sie ihren Mantel auf einen Bügel an der Garderobe hängte. Nichts, nada, Stille, silencio … Merkwürdig. Irgendwie beunruhigend, denn seit zehn Jahren kam doch sein „Hallo" jeden Dienstag aus dem Wohnzimmer. Etwas stimmte nicht!
Vom Flur aus spähte sie zu seinem Sessel, in dem er Abend für Abend saß. Heute saß er dort nicht, kein

Uwe zu sehen! „Uwe", rief sie, und nochmals, dieses Mal ein wenig lauter: „Uwe". Keine Antwort. Sie trat ins Wohnzimmer. Auf dem Tisch stand ein leeres Bierglas, daneben lag ein aufgeschlagenes Buch, ein Reiseführer, wie sie erkannte, als sie näher kam, ein Reiseführer über Südamerika. Er hatte also nicht ferngesehen, sondern gelesen. Ein Gedanke blitzte in ihr auf: Seit wann interessierte er sich für Amerika? Das hatte er nie erwähnt ... Oder doch?

Aber wo war Uwe jetzt? Nun schon nahezu panisch lief Susanna in das gemeinsame Schlafzimmer nebenan. In der Dunkelheit, die sie dort empfing, konnte sie nicht erkennen, ob er im Bett lag. Uwe war allerdings ein Schnarcher – und hier und jetzt schnarchte niemand! Es herrschte absolute Stille! Zaghaft schaltete sie das Licht an, in der Hoffnung, dass er an dem Abend ruhig schlief, nicht schnarchte. Aber die Tagesdecke lag immer noch so sorgsam über beide Betten ausgebreitet, wie sie sie am Morgen hingelegt hatte. Irgendetwas stimmte nicht ...

Blieb noch sein kleines Büro. Vielleicht saß er am PC und googelte Infos über Südamerika? Ja, das war die Lösung, dessen war sie sich ganz sicher. Doch ein kurzer Blick genügte – dort war er auch nicht! Verzweifelt kehrte sie ins Wohnzimmer zurück, setzte sich in den großen Ohrensessel, in dem er sonst immer saß – und da sah sie ihn, den Zettel! Er lag da, halb versteckt unter dem aufgeschlagenen Reisebuch. Schon aus dieser Entfernung erkannte sie Uwes fein säuberliche Handschrift. Neugierig zog sie das kleine Papier unter dem Buch hervor.

„Mir ist es hier zu kalt. Ich wandere aus."

Wie in Trance las Susanna die Notiz. Was sollte dieser Unsinn? Sie waren seit dreißig Jahren zusammen, da ging man doch nicht einfach so? Krampfhaft überlegte sie: Hatten sie sich in der letzten Zeit gestritten? Aber nein, sie hatten eigentlich dreißig Jahre lang nie Streit gehabt. Immer höflich, immer respektvoll …

In Gedanken versunken starrte sie vor sich hin, doch plötzlich ermahnte sie sich: Nun reiß dich endlich zusammen, das tut er dir nie und nimmer an! Sie ging wieder ins Schlafzimmer, schaute nach, ob im Schrank Kleidungsstücke fehlten. Sie wusste genau, wie viele Hemden, Jacken und Hosen er besaß, alles lag beziehungsweise hing noch akkurat dort, so ordentlich, wie sie es Woche für Woche einräumte.

Wenn er wirklich die Flucht ergriffen hätte, hätte er dann als einzige Spur einen kleinen Zettel hinterlassen? Und das nach so vielen Jahren?

Ratlos ging sie ins Wohnzimmer zurück, setzte sich wieder in seinen Sessel. Auf seinem Platz bekäme sie vielleicht eine Idee, wie er tickte. Mit einem Schlag erkannte Susanna: Sie wusste eigentlich nichts von ihm!

Morgens gemeinsames Frühstück: Er schlürfte seinen Kaffee und las einen Teil der Zeitung, sie aß ihr Müsli und las den anderen Teil der Zeitung; nach etwa zehn Minuten tauschten sie die Zeitungshälften aus. Punkt halb acht gingen sie dann aus dem Haus: er in sein Büro der Stadtverwaltung, sie in die Kanzlei, in der sie seit etlichen Jahren als Steuerfachangestellte arbeitete. Gegen fünf Uhr kehrten sie beide in die Wohnung zurück. Nach dem gemeinsamen Abendessen, während dem sie kurz ihren Tag besprachen, ging sie montags zur Chorprobe, dienstags in den Spanischkurs, mittwochs ins Yoga, donnerstags zur Wirbelsäulengymnastik, freitags dann in den Frauenclub …

Seine Notiz kam ihr wieder und wieder in den Sinn: *„Mir ist es hier zu kalt. Ich wandere aus."*

Susanna stutzte: Wie ging es ihm eigentlich so allein an den Abenden? War es ihm „zu kalt" in der einsamen Wohnung? Warum unternahm er gar nichts? Warum unternahm sie so viel, eigentlich alles, allein? Fragen über Fragen, die sie sich all die Jahre nie gestellt hatte.

Bilder tauchten vor ihrem inneren Auge auf: Uwe und Susanna bei ihrem Lieblingsitaliener, bei dem sie sich einvernehmlich einen Salat und eine Pizza teilten und den ganzen Abend plaudernd dort verbrachten, Uwe und Susanna am Strand von Palma de Mallorca, wie sie sonnengebräunt in die Kamera lachten, Uwe und Susanna, wie sie gemeinsam einen Film im Kino anschauten, gemeinsam das traurige Schicksal der

Lady Di bedauerten, Uwe und Susanna, die über Gott und die Welt redeten, die mit Freunden zusammen, aber auch zu zweit Spaß hatten, zusammen lachten … Wie lange war das schon her?

„Mir ist es hier zu kalt. Ich wandere aus."

Er hatte die Flucht ergriffen, die Flucht vor der Stille in ihrer Beziehung – mit einem Schlag erkannte sie es.
Nachdenklich blieb Susanna im Sessel sitzen. Irgendwann hörte sie, wie der Schlüssel in der Wohnungstür gedreht wurde – und dann stand Uwe vor ihr.

„Wir müssen reden!", sagte er. „Ja, lass uns reden!", stimmte sie ihm zu.

Zu dieser Erzählung wurde ich von Peter Bichsels Kurzgeschichte „San Salvador" inspiriert.

*Das Wort ist das Element der Sprache.
Sprache hinterlässt Spuren.
Fehlende Spurenelemente führen zu
Mangelerscheinungen.*

Anita Koschorrek-Müller

WAS MIR BLIEB ...

Sabine Moritz

Mit langsamen, schlendernden Schritten führt mich mein Weg durch das bunte, alle Farben des Jahres widerspiegelnde, nasse Herbstlaub. Ich bewege mich durch wabernde Nebelschwaden, welche meine Spur, die ich hinterließ, sofort wieder verbergen.

Gedämpft vom Laub ist mein Schritt, verhalten mein Wunsch voranzukommen. Suchend mein Blick.

Von Ferne sehe ich ein Kerzenlicht in einem Fenster flackern, entzündet als Gruß für einen lieben Menschen, doch sicher nicht für mich.

Zögerlich gehe ich weiter. Die Musik, die mich leise seit einer kurzen Weile aus der Ferne begleitet, bleibt zurück. Sie wird immer leiser, flüsternder und schwindet schließlich ganz. Ich bleibe allein mit meinen Gedanken. Sie treiben mich durch die dunkle Nacht. Nicht zur Ruhe lassen sie mich kommen, wie schon so oft in der Vergangenheit.

Meine Gedanken kehren zurück zum letzten Sommer. Süß war das Begehren in diesen Tagen und heiß, doch vergänglich wie alle Zeit des Jahres. Müde ist mein Blick und meine Augen folgen verhangen dem schwach vom Licht der Straßenlampen beleuchteten Pfad. Langsam, mit Herbstlaub aufwirbelnden Schritten führt mich mein Weg weiter durch die Nacht. Ich folge der Sehnsucht meines Herzens durch wabernde Nebelschwaden, welche meine Spur, die ich hinterließ, sofort wieder verbergen. Mein Blick geht träumend hin zum warmen Schimmer der fernen Kerze, ich wünsche mir, dass das Licht doch für mich entzündet wäre. Mit jedem Schritt erwacht in mir dabei eine verblasste Erinnerung an rehbraune Augen, aber vergangen ist die Liebe eines Sommers, doch nicht vergangen ist, was mir blieb ...

DAS SCHNEEBAD
oder wie lange hält man es nackt im Schnee aus?

Regina Stoffels

Eiskalt blies der scharfe Nordostwind an diesem Wintertag. Tags zuvor hatte es unaufhörlich geschneit. Das alte Herrenhaus und der weitläufige Park lagen unter einer dichten Schneedecke.

Wie an jedem Morgen las Kaspar Klippenstein die FAZ. Rasch überschlug er die politischen Nachrichten. Sie interessierten den 96jährigen nur noch am Rand. Als nächstes schlug er die Börsennachrichten auf, schließlich wollte er wissen, ob sein Geld gut angelegt war. Dann wandte er sich dem Feuilleton zu und las mit großem Interesse die Meldungen und Kritiken aus den Bereichen Kunst, Kultur und Musik. Stets erfreute ihn das Lesen von Reiseberichten, denn als junger Mann hatte er die halbe Welt bereist, großzügig mit finanziellen Mitteln aus seinem wohlhabenden Elternhaus ausgestattet.

Neben ihm ruhte hoheitsvoll Cleo, eine silbergraue Karthäuserkatze, die jede seiner Bewegungen mit ihren unergründlichen Augen beobachtete und dabei verhalten schnurrte.
Zu Kaspars Füßen lag zusammengerollt Quintus, ein Weimaraner, der hin und wieder leise mit seinem Schwanz auf den Perserteppich klopfte.

Kaspar beendete seine Lektüre, faltete die Zeitung sorgfältig zusammen, griff zu seiner Zigarrenkiste und wählte mit Bedacht eine kubanische Cohiba aus. In Vorfreude auf den Genuss sorgte er mit dem Cutter für einen sauberen Schnitt. Mit einem Streichholz zündete er die Zigarre an, wartete, bis sich ein gleichmäßiger Ring aus Asche gebildet hatte, saugte ein erstes Mal leicht an, paffte ein wenig, lehnte sich behaglich zurück, um schließlich genussvoll blaue Rauchkringel in die Luft zu blasen. Dabei fiel Kaspars Blick aus dem Fenster in die weite Schneelandschaft.

Obwohl er seit seiner Jugend, die er in einem Schweizer Internat verbracht hatte, ein passionierter Skiläufer war, mochte er seit einigen Jahren doch lieber die milden Tage des Jahres. Zudem vermisste er im Winter eine liebgewonnene Angewohnheit: Seit ewigen Zeiten stieg er jeden Morgen nackt in seinen eigenen Brunnen, aus dem erfrischend kaltes Wasser strömte. Er war stolz darauf, selbst im hohen Alter abgehärtet zu sein und eine Arztpraxis nur selten aufsuchen zu müssen.

Wehmütig schaute Kaspar den Rauchkringeln nach, paffte noch ein wenig und ließ die Zigarre ausgehen. Ach, wenn es doch endlich Frühling wäre und er sein Morgenbad wieder aufnehmen könnte! Er warf seinem Weimaraner einen Blick zu, erhob sich trotz seines Alters ohne Mühe aus seinem Ohrensessel und stellte sich ans Fenster. Der Hund erhob sich ebenfalls, schüttelte sich leicht und trabte zu Kaspar. Aufmerksam schaute er seinen Herrn an, ob dieser wohl Lust auf einen Spaziergang hätte?

Von ihrem Samtkissen aus verfolgte Cleo jede Bewegung der beiden, schaute aufmerksam gleich einer Sphinx.

„Na, alter Junge, wollen wir?" Kaspar schaute den treuen Weggefährten fragend an. Dieser verstand die Aufforderung sofort, sauste in die geräumige Diele und brachte die speckige Lederleine. Ausgelassen sprang er auf und ab, ungeduldig wartete er, dass sich Kaspar für den Spaziergang fertig machte. Dieser zog die gefütterten Stiefel an, nahm den dicken Mantel vom Haken und hüllte sich hinein. Schließlich setzte er die Pelzmütze auf, die er tief in die Stirn zog. Zuletzt steckte er die Hände in die wattierten Handschuhe.

„Dann mal los, Quintus!" Kaspar klemmte sich die Hundeleine unter den Arm und verschloss sorgsam die Tür. Quintus rannte ausgelassen durch den Schnee hinaus in den Park. Kaspar stapfte langsam hinter ihm her. Am Brunnen verweilte er und dachte an sein Morgenbad, auf das er noch lange verzichten musste. Da fielen ihm die Verse des schönen Gedichtes von Emanuel Geibel ein: „Und dräut der Winter noch so sehr mit trotzigen Gebärden und streut er Eis und Schnee umher, es muss doch Frühling werden!"
Wie wahr, einmal würde es wieder Frühling werden!

Als er am Ende seines Parks angelangt war, nahm er Quintus an die Leine, dann stapfte er mit seinem Hund langsam eine Anhöhe hinauf, die in langen Serpentinen zu erreichen war. Links und rechts des Weges konnte man unter den dicken Schneehauben die Wacholderheide nur erahnen.

Ach, wäre doch schon wieder Frühling, seufzte Kaspar erneut, dann würde er sich an Seidelbast, Küchenschelle und Märzenbecher erfreuen, doch bis dahin war es noch ewig lange hin.

Auf dem steilen Weg bis zur Anhöhe standen viele Bänke, die Wanderer zum Verweilen einluden. Die Bänke waren von Bürgern der Gemeinde gestiftet worden. Vor einer Bank blieb Kaspar stehen. Dies war sein Lieblingsplatz, denn von hier aus hatte man die beste Rundumsicht, die auch nicht durch die allenthalben aufgestellten Windräder eingeschränkt wurde. Auf einem kleinen Messingschildchen stand sein Name. Er war der Bitte des Gemeindevorstandes, sich an einer Patenschaft für eine Bank zu beteiligen, gerne nachgekommen. Hatte sich aber ausbedungen, dass er selbst den Platz auswählen durfte.

Kaspar blieb vor seiner Bank stehen. Er brauchte sich noch nicht auszuruhen. Während er sein Messingschild betrachtete, fuhr auf einmal ein Gedanke wie ein Blitz durch ihn: Wenn er sich schon nicht in seinem Brunnen ein Tauchbad gönnen konnte, wie wäre es, wenn er stattdessen einmal ein Schneebad nähme? Er schmunzelte, ein aberwitziger Gedanke war das schon! Schließlich musste er sich dazu komplett ausziehen. Doch Kaspar war schon immer ein Mann schneller Entschlüsse gewesen. Er warf Quintus die Leine zu und fegte mit einer raschen Handbewegung den Schnee von der Bank. Dann schälte er sich vorsichtig aus seinem Mantel, zog Mütze und Handschuhe aus, stieg aus seinen Stiefeln. Sorgsam legte er alles auf die Bank. Dann entledigte er sich auch der restlichen Kleidung.

Kaspar japste nach Luft, verdammt kalt, der eisige Wind hatte seit dem Morgen noch zugenommen. Kaspar blies die Backen auf, atmete flach und legte sich dann in seiner ganzen Nacktheit in den Schnee. Seine Füße krallten sich in den Boden, die Kälte zwang ihn dazu, das Gesäß anzuheben und ein Hohlkreuz zu machen. Sein Blick fiel auf sein kümmerliches Gemächt, das sich hutzelig wie eine Schnecke in ihr Haus verkroch. Kaspar schloss die Augen. Wie lange, so überlegte er, wie lange hält ein Mensch diese Situation wohl aus?

Die Kälte drang tief in ihn ein. Der Schnee glitt in seine Ohren, sämtliche Körperhaare stellten sich auf, Kaspar atmete schneller und flacher.

Was wäre, so überlegte er sich weiter, was wäre, wenn er einfach hier liegen bliebe? Die Kälte würde immer tiefer in ihn eindringen, seine Glieder würden immer schwerer, sein Herz immer langsamer schlagen. Dann würde er müde werden, immer müder und schließlich, wenn die Todeskälte ihn umfing, ganz sanft einschlafen. Kein Altersgebrechen, kein Siechtum, keine Demenz, nichts von alledem würde ihn behelligen. Sein Leben würde ausgehaucht, ganz still und leise wie eine Kerze, die am Erlöschen ist.

Plötzlich glaubte Kaspar, sein Herz würde vor Kälte zerspringen. Langsam öffnete er die Augen und starrte mühsam in den bleigrauen Himmel. Er blinzelte und konnte zunächst nichts sehen. Er spürte, dass seine Nase lief, auf seinem gestutzten Schnäuzer hatten sich bereits kleine Eiskristalle gebildet. Dann fiel sein Blick auf Quintus, der nervös hin und her sprang.

Kaspar senkte seinen Blick und sah an sich entlang, betrachtete seinen nackten Körper, der auf der Bauchdecke eine Menge schrumpeliger Falten aufwies, doch kein Gramm Fett zu viel. Sein Körper war gestählt und drahtig. Er erinnerte sich an seine Jugend, als sie als Buben im Schnee umhertollten und vor Begeisterung „den Adler" machten. Ob er das nicht auch noch heute könnte? Er schmunzelte. Langsam breitete er Arme und Beine aus und schob den Schnee dabei zu Seite. Mehrmals bewegte er sich in dieser Art, bis er sicher war, dass er so einen Adlerabdruck im Schnee hinterlassen würde.

Kaspar atmete schwer. Verdammt eisig der Schnee! Quintus tänzelte weiter nervös um ihn herum. Kaspar beobachtete das Gebaren des Hundes, dann schloss er erneut die Augen. Er war auf einmal so unendlich müde. Und wenn er nun doch einfach liegenblieb und nicht mehr aufstand? Morgen kämen mit Sicherheit Spaziergänger vorbei, die ihn finden würden. Gerne wäre er dabei, wenn sie darüber spekulieren würden, wie der angesehene Herr Klippenstein wohl hierhin geraten war. Vollkommen nackt, doch ohne Anzeichen einer Gewalttat.

Spitzbübisch grinste er bei diesen Gedanken, dann lachte er schallend, seine Müdigkeit war verflogen. Bei diesem Geräusch sprang Quintus erschreckt ein Stück zurück. Dieser hatte während des Schneebades dauernd neben ihm gestanden, war auf und ab gesprungen und hatte seinen Herrn immer wieder angestupst. Quintus verstand die Welt nicht mehr.

„Ist ja gut, alter Junge, ist ja gut!" Kaspar erhob sich nun doch ächzend, griff mit klammen Fingern nach seinen Kleidungsstücken. Nur mit viel Mühe gelang es ihm, sich wieder in die wärmenden Hüllen zu kleiden. Endlich war es geschafft.

Ein letzter Blick auf die Konturen seines Adlers, dann machte Kaspar sich mit Quintus, so schnell es seine alten Knochen erlaubten, auf den Nachhauseweg. Inzwischen schneite es wieder ganz leicht.

DAS EINSAME KREUZ AM FELDWEG
VON FRED NIKLAS

Alfred Schilz

Die Inschrift auf der Platte am Sockel gibt folgende Auskunft:

HIER AN DIESER STELLE WURDE
IM JAHRE DES HERRN 1838 AM 8. OKTOBER

DER GROSSBAUER
+ALOISIUS BREISIG+
DURCH MÖRDERHAND VOM LEBEN ZUM TODE GEBRACHT
GOTT SEI SEINER ARMEN SEELE GNÄDIG
AMEN

In der kleinen Nische unterhalb des Kreuzes sind frische Blumen abgelegt worden und eine rote Grableuchte brennt mit kleiner Flamme. Es muss in den letzten Stunden jemand hier gewesen sein. Einsam steht das Kreuz am Feldrand, kein Baum und kein Strauch ringsum, nur der große Kartoffelacker und der Feldweg. Ein trauriger Ort, der nicht zum Verweilen einlädt.

Der Dorfchronik, in die ich aus privaten Gründen Einsicht haben durfte, entnahm ich, dass bis in die Vierziger des 19. Jahrhunderts drei dicke Buchen an dieser Stelle gestanden hatten. Die Frauen des Dorfes, die sonst überall nach Bucheckern suchten, hätten sich geweigert, die Früchte dieser drei Buchen aufzusammeln. Es klebe Blut daran und dem Hause, in dem das Öl aus diesen Früchten verwendet würde, widerfahre großes Unheil. Es war der Volksglaube damals und durch nichts und niemand waren die Menschen davon abzubringen. So kam es dazu, dass man die Bäume fällte und der Ort kahl und unheimlich blieb. Wer der Steinmetz gewesen war, der das Kreuz geschaffen hatte, wer den Auftrag gegeben und wer es bezahlt hatte, darüber gaben weder die Dorfchronik noch die Kirchenchronik, die ich ebenfalls einsehen durfte, eine Auskunft!

Pastor Michael Winter, der fast zwanzig Jahre im Dorf seinen Dienst tat, und Gotthard Conrader, der zum Zeitpunkt des Geschehens als junger Lehrer mit kleinster Entlohnung die Dorfkinder unterrichtete, schrieben beide fast übereinstimmend alles auf. Die Kirchenchronik war gut erhalten und der Pfarrer, im Gegensatz zum Lehrer, notierte alles, was das Seelenleben und die (un)christliche Lebensweise seiner „Schäflein" betraf, und diese Chronik war weitaus ergiebiger als die Dorfchronik, die aus einem Bündel loser Blätter bestand.

So erfuhr ich über das Leben und den Tod dieses Großbauern sehr viele Einzelheiten und auch damals noch, über 170 Jahre nach dessen Tod, waren zahlreiche Geschichten über diesen Mann im Umlauf.

Der Großbauer Alois Breisig galt als Wohltäter, weil er jedem Kleinbauern, der unverschuldet in finanzielle Not geriet und der ihn darum bat, mit einem Darlehen aus seiner misslichen Lage half. Viele von den

Kleinbauern überschrieben dem Breisig als „Sicherheit" das eine oder andere Stück Ackerland und so wurde Breisigs Landbesitz im Laufe der Zeit immer umfangreicher. Ein Darlehen mit Zins und Zinseszins zurückzuzahlen, war damals nahezu allen Kleinbauern unmöglich. Die Großzügigkeit Breisigs brachte ihm Freundschaften ein und man wusste, dass er einflussreiche Bekannte bei der Preußischen Kreisverwaltung in der nahen Stadt hatte, die er mehrmals im Jahr zu sich auf den Hof einlud. Dort wurden dann die dörflichen Angelegenheiten besprochen. Der Dorfvorsteher war selten unter den Gästen. Bei einem zufälligen Zusammentreffen mit Pastor Winter fragte dieser, ob es denn dem katholischen Dorfbewohner Breisig nichts ausmache, so zahlreiche protestantische Freunde zu haben? Woraufhin der Großbauer die Besuche des sonntäglichen Gottesdienstes einstellte. Der eine oder andere männliche Dorfbewohner folgte diesem Beispiel. Breisig machte sich öffentlich über Pastor Winter lustig, erzählte unwahre Geschichten über den Mann und brachte auf diese Weise Zwietracht unter die Dorfgemeinschaft. Breisig tat immer so, als ginge ihn das alles nichts an, war aber durch Zuträger immer über alles informiert, was bei Sitzungen des Gemeinderates und bei allen Zusammenkünften des Kirchenvorstandes besprochen wurde.

Breisig hatte eine „dunkle" Seite, die aber nur den unmittelbar Betroffenen bekannt war, jedoch auf geschickt verschlüsselte Weise in der Kirchenchronik erkennbar wurde. Der Mann stellte allen weiblichen

Wesen im Dorf nach, ob noch ledig oder schon verheiratet. So kam es, dass es einige Väter im Ort gab, die nicht die Väter von Neugeborenen waren, von den Dorfbewohnern aber als solche angesehen wurden. Nachgelassene Schulden, einstmals verpfändete und jetzt stillschweigend zurückgegebene Äcker waren der Preis für die neue Vaterschaft und das damit verbundene Stillschweigen! Frau Breisig wusste von den allermeisten Affären, verhielt sich aber still, weil ihr Mann gedroht hatte, sich andernfalls scheiden zu lassen und ihr die beiden Kinder, Wilhelm und Charlotte, wegzunehmen. Die Kinder waren noch das Einzige, was die Eheleute miteinander verband. Zwei Brüder von Frau Breisig hatten hohe Schulden bei ihrem Schwager, was erschwerend hinzukam.

An einem Festabend, als man das Andenken an eine gewonnene Schlacht der Preußischen Armee feierte, war auch das Ehepaar Dittmeier mit seinen Zwillingstöchtern Veronika und Elisabeth anwesend. Der offizielle Teil war vorbei und die Militärkapelle spielte einen der kürzlich in Mode gekommenen Walzer, zu dem Alois Breisig Veronika Dittmeier aufforderte, nicht ohne vorher den Vater ganz offiziell um die Tanzerlaubnis zu bitten. Dieser Tanz war der Beginn einer unheilvollen Beziehung des Großbauern zu dieser jungen Frau! Nach einer gewissen Zeit, in der man sich unter größter Vorsicht und strenger Geheimhaltung traf, wurde Veronika Dittmeier schwanger. Weder Vater noch Mutter, Bruder oder Zwillingsschwester ahnten etwas, obwohl die Zwillinge sonst nie ein Geheimnis voreinander hatten! Auf die Dauer aber konnte Veronika vor ihrer Schwester ihren Zustand nicht verbergen und sie erzählte Elisabeth alles aus den letzten Wochen und Monaten. Diese ging kurz entschlossen zu Breisigs Haus, stellte den Bauern zur Rede und drohte mit einem Skandal. Der Bauer aber stellte sich taub gegen alle Vorwürfe, versuchte sogar auf seine Art, mit ihr anzubandeln und als alles nichts half, drohte er, den Eltern Dittmeier ihr Land wegzunehmen, denn sie stünden bei ihm tief „in der Kreide". Dann sei es vorbei mit dem schönen Leben und ihre Schwester müsse zusehen, wo sie mit dem Bastard bliebe. Wäre sie aber friedlich, und ihre Schwester hätte den Eltern alles gesagt, würde er, Breisig, dem Vater Dittmeier die Schulden erlassen und Veronika könne ihr Kind in geordneten Verhältnissen aufziehen. Wenn ihre Schwester einverstanden sei, würde er sogar den Heiratsvermittler spielen und ihr einen passenden Ehemann suchen und alles hätte seine Ordnung! Zuhause stritten sich die Schwestern wegen Elisabeths Eigenmächtigkeit und suchten verzweifelt nach einem Ausweg aus der schlimmen Lage. Vergeblich!

In dem Abschiedsbrief, den sie an ihre Eltern und den Bruder schrieben, nannten sie den Namen des Großbauern, bezeichneten den Mann als den Vater des Kindes. Die Schande, die über die Eltern und den Bruder käme, sei zu groß, um damit weiter im Dorf leben zu können. Als Zwillinge, die bisher alles in ihrem Leben gemeinsam getan hätten, würden sie auch gemeinsam aus dem Leben gehen. Für alle Eltern- und Bruderliebe dankten sie von ganzem Herzen. Am Abend, als die

Dämmerung einsetzte, gingen sie Hand in Hand in den Dorfteich und das Wasser schlug über ihnen zusammen.

Am Morgen, als Frau Dittmeier nach den Töchtern sehen wollte, fand sie den Brief, und als man wenig später die leblosen Körper der beiden ins Haus brachte, schrie die Mutter auf und sie schrie noch tagelang. Drei Monate nach diesem Tag verstarb Frau Dittmeier. Zuvor hatte Franz, der Sohn, in der Dunkelheit das Haus mit unbekanntem Ziel verlassen. Man vermutete, dass er unter falschem Namen nach Amerika ausgewandert sei. Es gab, auch Jahre später, kein Lebenszeichen mehr von ihm. Der Pfarrer verweigerte den beiden Toten ein christliches Begräbnis, weil seit Jahrhunderten Selbstmörder immer außerhalb der Friedhofsmauern beerdigt wurden, ohne Priester und Segen! Vater Alfons Dittmeier sprach seit dem Todestag der Töchter kein einziges Wort, auch nicht mit Freunden und Bekannten aus dem Dorf, die zu ihm kamen. Sie fanden ihn, zusammengekauert, vor dem Grab der Töchter.

Am 8. Oktober 1838, einem hellen Herbsttag, war Alois Breisig dabei, das Feld „bei den drei Buchen" mit seinem Pferdegespann umzupflügen. Als er eine Pause machte, den Pferden den Hafersack umgebunden hatte, legte er sich auf den Grasstreifen am Rande des Feldweges und schlief ein.

Plötzlich traf ihn ein Fußtritt in die Seite, er schreckte auf und über ihm stand, mit einer Heugabel in den Fäusten, der Kleinbauer Dittmeier:

„Steh auf, du Dreckschwein, sonst ersteche ich dich

da, wo du liegst. Etwas Besseres hast du ja auch nicht verdient!", schrie er den Breisig an. Der war von seinem kurzen Schlaf noch etwas benommen, raffte sich aber auf und fragte den Dittmeier:

„Eh Alfons, was ist in dich gefahren? Bist du von allen guten Geistern verlassen? Was habe ich dir getan, dass du so herumbrüllst? Steck die Gabel weg und kämpfe wie ein Mann, wenn es denn einen Grund gibt?"

Alfons Dittmeier rammte die Gabel in den Boden und ging mit erhobenen Fäusten auf Breisig zu. Es kam zu einem Zweikampf und immer schrie Alfons Dittmeier:

„Das ist für Veronika, das ist für Elisabeth, das für den Franz und das für Magda", und bei jedem Namen schlug er dem Breisig ins Gesicht. Der wehrte sich, nahm einen Anlauf und rammte seinen Kopf dem Dittmeier in den Leib, und der verlor im gleichen Moment sein Bewusstsein und fiel um. Als er wieder aufwachte, lag der Breisig ebenfalls im Gras und zwei Zinken der Heugabel steckten in seinem Hals. Breisig verblutete innerhalb kurzer Zeit.

Dittmeier begriff nicht, was geschehen war, wusste aber, dass er, so schnell er konnte, ins Dorf laufen musste, um Hilfe zu holen.

Das grauenhafte Bild des verblutenden Breisig vor Augen, die schrecklichen Ereignisse in der eigenen Familie und jetzt dieser rasante und angstvolle Lauf hierher setzten ihm derart zu, dass er nur stammelnd und atemlos sprechen konnte. Der Gendarm, der erst so nach und nach verstand, um was es ging, sperrte den zitternden Dittmeier in eine fensterlose Kammer und schickte einen Boten zur Polizeistation in die Kreisstadt. Daraufhin kamen zwei berittene Uniformierte, die als Erstes dem Dittmeier Handfesseln anlegten und ihn dann zwischen den Pferden an die Sättel banden und ihn so an den Tatort schleiften. Das dann folgende Verhör geschah in aller Öffentlichkeit und hatte Dutzende von Zuhörern.

Das halbe Dorf war den Reitern hierher gefolgt und begaffte sowohl den Ermordeten als auch den Dittmeier. Dann kam der Dorftischler mit einem Sarg, der Tote wurde auf einem niedrigen Wagen ins Dorf gebracht und die Polizei nahm den Dittmeier auf die gleiche Art mit ins Dorf zurück, so wie sie ihn hergebracht hatte. Vor der Polizeistation stand ein geschlossener, fensterloser Wagen bereit und Alfons Dittmeier wurde weggefahren.

Drei Tage später wurde Alois Breisig zu Grabe getragen. Es war keine der üblichen dörflichen Beisetzungen, nein, es war schon fast eine Demonstration von Staatsmacht, denn obwohl sie nicht beim Gottesdienst in der Kirche waren, standen die Preußischen Soldaten und Beamten in Zweierreihen auf dem Weg zwischen der Kirche und dem Dorffriedhof. Sie begleiteten den Sarg und folgten den Gesängen und Zeremonien mit starren Gesichtern. Dann ergriff ein Beamter der Stadt das Wort und lobte den Verstorbenen in den höchsten Tönen, sprach von einem staatstreuen Bürger, von einem liebevollen Ehemann und einem vorbildlichen Vater. Der Dorfgemeinschaft sei durch Mörderhand ein dauerhafter Schaden zugefügt worden, betonte der Mann und reichte der Witwe und den Kindern in strammer Haltung die Hand, um sein tief empfundenes Beileid im Namen der Obrigkeit auszusprechen. Zum Leichenschmaus hatte die Witwe Breisig alle Dorfbewohner, jedoch niemanden von der Verwaltung eingeladen! Man ließ es sich bis in die späten Abendstunden gut gehen. Die allgemeine Trauer war wie weggeflogen!

Die Chronisten berichteten, dass Alfons Dittmeier zum Tode durch den Strang verurteilt wurde. Es sei ein Prozess ohne Beweise, ohne erkennbare Hilfestellung durch einen Rechtsbeistand gewesen. Zu keiner Zeit wären im Dorf irgendwelche Befragungen durchgeführt worden. Ein „Schuldiger" war gefunden und man habe doch genau gewusst, dass der wahre Mörder anderswo zu suchen gewesen wäre. In der Dorfchronik steht, dass Monate später das Gerücht aufgekommen sei, Franz Dittmeier sei heimlich zurückgekommen und habe am Feldweg den Breisig erstochen, während sein Vater nicht bei Bewusstsein war. Ein Gerücht eben und nichts anderes!

Der Dorfchronik ist ein stark vergilbtes, amtliches Formular beigefügt, aus dem hervorgeht, dass der Deliquent Alfons Johannes Dittmeier, durch Richterspruch zum Tode durch den Strang verurteilt, am 16. April des Jahres 1839 durch den amtlich bestellten Henker vom Leben zum Tode gebracht wurde!

MYSTISCHES MOOR

Marita Lenz

Weite Ebene, schneebedeckt, eisiger
    Wind pfeift übers Land.
   Darunter ruht das stille Moor
im schwarzen, mystischen Gewand.

Weg und Stege sind verschwunden,
    zugeweht, der Erde gleich.
   Einsam stehen ein paar Bäume,
abgestorben, kahl und bleich.

Was liegt dort unten im Verborgenen,
    Spuren aus vergangener Zeit.
Das Moor wird sein Geheimnis wahren,
    bis in alle Ewigkeit?

MUT ZUR STÄRKE

Lisa Neunkirch

Bis ins Mark erschüttert,
von Ängsten beherrscht,
der Stärke beraubt
für einen zu langen Moment.

Den Glauben nicht verlieren
an das Licht am Ende des dunklen Tunnels,
an die Spuren von Stärke im Knochenmark.
Darauf vertrauen hat das Leben mich gelehrt.

Kann ich mich verlassen?
Ja, sagt die Zeit,
ich heile deine Wunden.

An einem Sonntagmorgen im März zeigt sich nach langer Zeit mal wieder die Sonne und das Blau des Himmels leuchtet irgendwie intensiver als sonst. Sarah liegt im Bett, einer der ersten Sonnenstrahlen trifft ihr Gesicht. Das helle Licht hat sie geweckt und zieht sie regelrecht aus dem Bett. Nicht lange überlegen, nicht nachdenken, nicht wieder diese grauen, trüben Gedanken zulassen, die sie seit längerer Zeit beherrschen und das Erheben aus dem Bett so schwer machen. Einfach aufstehen, anziehen und raus aus dem Haus, sagt ihr Impuls. Einfach gucken, was kommt, sich nochmal einlassen auf das Leben. Den Kontakt zu sich selbst wiederfinden.

Als sie vor das Haus tritt, streichelt die kühle, frische Luft ihre Wangen. Die Vorgärten und die Autos glitzern weiß, es hat unerwartet wieder gefroren. Ein leichter Morgendunst liegt in der Luft. Ihr Atem ist sichtbar. Sarah schließt die Haustür und biegt gleich in den kleinen Pfad ein, der an der langen Buchenhecke ihres Gartens vorbeiführt. Nach einer Minute ist sie in der Straße, in der sich ihr Friseur befindet. Vor zwei Tagen war sie noch dort und sagte zu ihrer Friseurin: „Holen Sie bitte das Beste raus, was mit meinen Haaren möglich ist!"

Das hatte ihre älteste Freundin ihr empfohlen. Selbst konnte sie sich gerade schwer entscheiden, nicht nur, was ihre Frisur anging. Ihr war klar, dass sich etwas ändern musste, sie wollte zurück in ihr altes Leben. Mutig hat sie dann auch den Rat befolgt und fühlt sich jetzt mit ihrer neuen Frisur wohler. Kürzer, unordentlicher und angeblich jugendlicher geschnitten sind ihre Haare jetzt.

Sie folgt ihren altbekannten Spuren und geht durch die Schrebergärten der Kleingärtneranlage. Hier ist schon alles vorbereitet für die üppige Vielfalt des Sommers. Oft genug hat Sarah sich von der liebevoll gestalteten Blütenpracht, den prächtigen Obst- und Gemüsebeeten in dieser geordneten Welt verzaubern lassen. Mitten auf dem Weg bleibt sie stehen, schließt die Augen und richtet ihr Gesicht nach der Sonne aus. Wärme dringt in ihre Haut, sie atmet die frische Morgenluft tief durch die Nase ein und stellt sich dabei vor, die Energie der Sonne in sich aufzunehmen. Gleich darauf atmet sie bewusst lange aus und denkt: „Raus mit dem Müll!"

Das wiederholt sie mehrmals in der Absicht sich auf diese Weise von den verinnerlichten Ängsten und dem Schock des vergangenen Jahres zu verabschieden.

Durch ein altes, schweres Eisentor verlässt sie die Schrebergartenanlage, biegt rechts ab und geht weiter am Bach entlang. Nach einer Weile bleibt sie wieder stehen, schließt die Augen und konzentriert sich diesmal auf ihr Gehör. Das Rauschen des Baches, sein Blubbern und Glucksen klingen so lebendig. „Wunderbar", denkt sie, „Wasser ist Leben!" Viele verschiedene Vogelstimmen begleiten sie auf ihrem weiteren Weg. Eine kleine Blaumeise hüpft fröhlich auf einer Buchenhecke herum und singt ihr Lied. Sarah sagt ihr freundlich: „Guten Morgen". Das Zwitschern der Vögel bereitet ihr Freude und zaubert ein Lächeln auf ihr Gesicht.

Etwas später biegt sie nach links ab und überquert eine kleine Holzbrücke, die über den Bach führt. Vorbei am Eingang des Freibades folgt sie bergauf dem Weg, der oberhalb des Freibadgeländes verläuft. Es ist die Strecke, die sie früher regelmäßig gejoggt ist. Auch vor zwei Jahren, in der Zeit, als ihre Mutter schwerkrank war und gleichzeitig ihr älterer Bruder im Sterben lag. Das Laufen hat ihr damals sehr geholfen, sie gestützt in dieser schmerzvollen Zeit.

Besonders nach dem Tod ihres Bruders brauchte sie diese gewohnte Bewegungseinheit, um ihre innere Anspannung zu reduzieren. Die Vertrautheit der Strecke und der vorbeiziehenden Natur hatten eine beruhigende Wirkung auf sie. Sarah hatte währenddessen oft das Gefühl, ihr Bruder schaue ihr von oben zu, und sie hat mit ihm geredet. Auch zu Gott hat sie gesprochen, das tut sie an diesem Morgen auch:

„Lieber Gott, du warst immer an meiner Seite, hast mir in meinem Leben schon viele schwierige Aufgaben gestellt und geholfen sie zu lösen. Verlass mich jetzt bitte nicht. Wie wird es weitergehen? Wie kann ich diese schwere Krise überwinden?"

Wie schon zu anderen Zeiten hört Sarah eine Stimme in sich, sie sagt:

„Glaube an dich und deine innere Stärke und vertraue!"

Stimmt! Beide Fähigkeiten sind ihr im vergangenen Jahr abhandengekommen, ihre Stärke und ihr Vertrauen. Mit einem Schlag war alles anders. Ein Schlaganfall hat sie vor knapp einem Jahr ohne Vorwarnung aus der Bahn geworfen und plötzlich war nichts mehr wie vorher.

Angst, Verunsicherung, Hilfsbedürftigkeit prägten auf einmal ihr Leben, ab jenem Morgen, als sie wach wurde und ins Bett gemacht hatte. Sie konnte nicht mehr richtig sprechen, ihr linkes Bein versagte, ihr linker Arm hing schlaff herab. Ihr Mann war von ihren seltsamen Geräuschen wachgeworden. Beim Versuch aufzustehen sackte sie in seinen Armen vor dem Ehebett zusammen. Zum Glück hatte er die Situation gleich richtig eingeschätzt, direkt richtig reagiert. Schon kurze Zeit später befand Sarah sich im Notarztwagen und wurde mit Blaulicht ins Krankenhaus gefahren. Zu diesem Zeitpunkt hatte sie noch nicht wirklich gecheckt, was mit ihr los war, sie dachte nur: „Ich muss doch gleich los zu meinem geplanten Arbeitstermin nach Luxemburg."

Kurze Zeit später befand sie sich auf der Intensivstation für Schlaganfallpatienten - der Stroke-Unit, bis am Tag vorher wusste sie noch nicht einmal, dass es so etwas gibt. Irgendwie stand sie voll unter Schock. Sie spürte gar nichts, keine Angst, keine Traurigkeit, sie musste nicht weinen. Sie war gefühlstaub, hatte den Kontakt zu ihren Gefühlen verloren.

Computertomographie, Magnetresonanztomographie, Rückenmarkspunktion, Blutentnahmen, Infusionen, Röntgenuntersuchungen, Herzecho, alles ließ sie regungslos über sich ergehen. Keine Angst, keine Tränen, kein Gefühl. Sich irgendwie zusammenzureißen, galt es, ob bei der Untersuchung in der Röhre, mit der Spritze im Rückenmark, dem Schlauch im Hals, den Infusionen im Arm und immer wieder bei der schmerzhaften Suche nach Venen.

„Nicht nachdenken, keine Gefühle zulassen!", schien ihr Innerstes zu sagen, „das bringt dir jetzt nichts!"

Ihr linker Arm und ihre Hand hatten sie verlassen. Keine Kontrolle, kein Gefühl, keine Bewegung. Schrecklich fühlte es sich an, wenn sie nach dem Händewaschen mit der rechten Hand ihre linke abtrocknete, als hätte sie einen Stock in der Hand, ein Stück Holz, etwas Fremdes, das nicht zu ihr gehörte. In ihrer linken Gesichtshälfte war kein Gefühl, ihr Mundwinkel hing herunter, ihre Zunge war halbseitig taub, wie sie es sonst nur vom Zahnarztbesuch kannte. Ständig hat sie sich so fest drauf gebissen, dass es blutete. Andauernd verschlabberte sie sich beim Essen und Trinken und ihr Mund war verschmiert, ohne dass sie es spürte. Das war ihr furchtbar peinlich. Hinzu kam noch ein Hautausschlag, der durch den psychischen Stress ausgelöst wurde und ihr Gesicht mit eitrigen Pusteln übersäte.

Das linke Bein hat zum Glück relativ schnell wieder funktioniert, wenn auch nicht so kraftvoll wie vorher. Ihr Gleichgewicht war gestört. Am schlimmsten aber war der Blick in den Spiegel, wenn sie im Bad war. Der Anblick erschreckte sie bis ins Knochenmark. Er erinnerte sie an ihren älteren Bruder, wie er aussah, als er im Sterben lag. Jetzt hatte sie selbst Todesangst. Wer war die Frau da im Spiegel? Sarah erkannte sich selbst nicht wieder. Eine tief verängstigte, fremde Frau schaute ihr in die Augen, sie selbst spürte nichts. Sie war ausgeliefert, hilflos.

Familie und Freunde fingen sie auf wie ein Sicherheitsnetz nach einem Absturz aus großer Höhe. Von allen spürte Sarah großes Mitgefühl, tiefe Betroffenheit und Liebe. Mit Tränen in den Augen versuchten sie ihr Mut zu machen. Erst die Umarmung ihrer 86-jährigen Mutter, voller Sorge und Angst, und ihre unerwartet gestellte Frage: „Sarah, was machst du denn für Sachen?!", lösten die innerliche Erstarrung und sie konnte zum ersten Mal weinen.

„Ich habe ja gar nichts gemacht, mir ist etwas passiert!", sagte sie schluchzend wie ein kleines Kind.

Ihr Mann musste alle ihre geplanten Arbeitstermine absagen. Viele ihrer Auftraggeber schickten Karten und Blumen und wünschten gute Besserung. Wie sollte das nur beruflich weitergehen? Das hier war der Worst Case, den sie definitiv ausgeschlossen hatte, als sie sich vor einigen Jahren selbständig gemacht hatte.

Auf der Stroke-Unit fühlte Sarah sich einigermaßen

sicher. An alle Überwachungsgeräte angeschlossen, alles unter Kontrolle, jederzeit war jemand für sie da. Die Früh-Rehabilitation wurde direkt gestartet, Logopädie, Ergotherapie, Physiotherapie. Training für ihre Sprache, ihre Mimik, ihre linke Hand und ihre Gehfähigkeit. Diese bisher unbekannte Hilfsbedürftigkeit zu erleben, war hart für sie, auch wenn sie Witze über die Zucchinipuffer auf der Speisekarte machte, ein Wort, das sie kaum aussprechen konnte.

Täglich musste sie jetzt eine Menge Medikamente schlucken, genau das hatte sie bisher immer, so gut es ging, vermieden. Diesmal blieb ihr keine Wahl. Besonders die Verdünnung ihres Blutes bereitete ihr Sorgen. Sie verband damit die beängstigende Vorstellung, dass sich dadurch ihr Wesen verändern und sie ihre bisherige innere Kraft verlieren könnte. Zu diesem Zeitpunkt war sie fest davon überzeugt, nie mehr zu ihrer gewohnten Energie und Stärke zurückzufinden, mit der sie ihr bisheriges Leben bewältigt hatte.

Am allerschlimmsten aber war diese Angst, sie hatte sich in ihrem Innersten breitgemacht, beherrschte ihre Gedanken und lähmte sie auf Schritt und Tritt. Allein traute sie sich nicht aus dem Krankenzimmer, geschweige denn sonst wohin. Sie war regelrecht erstarrt vor Angst.

Nach den vielen Untersuchungen hatten die Ärzte herausgefunden, dass der Grund für ihren Schlaganfall ein Loch in ihrem Herzen war, an dem sich ein Aneurysma gebildet hatte. Dies führte dazu, dass sich ein Blutgerinnsel durch das Loch quetschte, auf den Weg durch ihre Adern machte und letztlich in ihrem Gehirn eine Ader verstopfte. Viel später erst ist ihr dann dieses seltsame Kribbeln und Vibrieren in den Sinn gekommen, das sie seit einigen Monaten zwischen ihren Brüsten spürte und das ein Jucken verursachte. Mittlerweile war sie fest der Meinung, dass sie spürte, wie ein Blutpfropfen in dem Loch hing. Aber wer geht schon wegen so etwas zum Arzt?!

Zwei Wochen später wurde sie mitten in der Nacht von einer Krankenpflegerin geweckt. Sie musste Platz machen auf der Stroke Unit für eine Neuaufnahme, einen jungen Mann von circa vierzig Jahren. Sie kam allein in ein Zweibettzimmer auf die neurologische Abteilung. Das erste Mal seit dem Schlaganfall ohne die Sicherheit der Überwachungsmonitore und die vertrauten Gesichter des Personals. So isoliert und mit sich allein überrollte Sarah plötzlich eine große Welle der Angst. Ihre Hände begannen zu schwitzen, ihr Herz raste, und sie musste immer an das Loch darin denken. Sie sah sich schon allein in diesem Zimmer sterben, ohne dass es jemand bemerkte. In ihrer Panik klingelte sie und bat die Nachtschwester die Türe zum Flur offen zu lassen und immer mal wieder nachzuschauen, ob sie noch am Leben sei.

Nach zwei Wochen Stroke-Unit und einer Woche auf der neurologischen Station ging es direkt im Anschluss zur weiteren Behandlung in die Rehaklinik. Dort sollte sie fünf Wochen bleiben. So lange war sie noch nie von zu Hause weg. Früher hat sie mehr als einmal davon geträumt, wenn der Alltagsstress sie überrollte, jetzt löste der Gedanke Panik in ihr aus. Mit schrecklichen Ängsten, dem Bewusstsein, ein Loch im Herzen zu haben, letztlich traumatisiert und im Schockzustand wurde sie von ihrem Mann hingefahren.

Sarah schüttelt sich unbewusst, ihr Spaziergang führt sie nun bergab. Ihr Blick fällt von oben auf den schönen, von Wiesen und mächtigen alten Bäumen umsäumten Weiher. Es ist ihr Lieblingsstück dieser Strecke. Das Wasser glitzert in der Sonne, an den Ästen sprießt das neue zarte Grün, erste kleine Blüten öffnen sich am Wegesrand. Die Natur erwacht zum Leben. Nach einer Zeit, in der alles leblos und farblos war, kommt das Leben zurück.

„So wird es auch bei mir sein", denkt Sarah hoffnungsvoll.

Eine schöne Vorstellung, die sie innerlich beruhigt. Sie atmet immer wieder tief die kühle Morgenluft ein und füllt ihre Lungen mit frischem Sauerstoff. Dabei weitet sie bewusst ihren Brustkorb, der sie in letzter Zeit zu sehr eingeschnürt hat.

NOVEMBERBLUES

Jutta Fantes

„Am Vormittag, als ich aus dem Wald kam, hat mich der Nebel eingeholt", sagte sie, während sie ihre roten, klammen Finger knetete. Sie stand am Kamin, schaute in die lodernden Flammen, genoss die aufsteigende Wärme und das Knacken der verbrennenden Holzscheite.

Er saß ruhig da, in seinem Stuhl, eine wärmende Decke über die Knie gebreitet. In der Hand hielt er ein aufgeschlagenes Buch, Novemberstürme, aber er hatte aufgehört, darin zu lesen. Er schaute sie an, jedoch ohne sie wirklich zu sehen. Wieder verlor er sich in seinen Gedanken, wie so oft in der letzten Zeit. Die Erinnerung überfiel ihn mit Macht.

In zerrissenen Kleidern, die Füße in Stiefeln, die ihm nicht gehören und viel zu groß für ihn sind, und in löchrigen Strümpfen, so stapft er zu Tode erschöpft durch den Schnee. Es strengt ihn sehr an, der Schnee ist unter der gefrorenen Oberfläche sehr tief, eigentlich zu tief, um ohne Schneeschuhe zu laufen. Seit Wochen hat er keine vernünftige Mahlzeit mehr gehabt, und entsprechend dürr und kraftlos ist er geworden.

In seinem Rucksack liegt sein Messer, er hat es Gott sei Dank doch nicht verloren, wie er vor ein paar Tagen noch erschreckt vermutet hat. Und seine Angst, die reine, nackte Angst, die ihn schier in den Boden drückt, die ist auch darin. Würden sie ihn entdecken? Würden sie ihn finden? Was das für ihn bedeutet, ist ihm bewusst. Dann würde er durch ihre Kugeln sterben. Und wenn er ihnen entkam? Dann könnte er verhungern oder erfrieren, könnte den Anderen in die Hände fallen, wenn er Pech hätte, und dann durch deren Kugeln sterben.

Er stößt sein Sturmgewehr wieder in den Schnee – es dient ihm in dieser Zeit nur noch als Stütze, denn Munition hat er schon lange keine mehr. Am Anfang sind sie viele gewesen: viele ohne Munition, viele in viel zu dünnen Uniformen, viele mit tiefliegenden und schwarzgeränderten Augen und hungrigen Bäuchen. In einigen Gesichtern hat man noch immer den blanken Horror sehen können, das Grauen, das ihre Augen erblickt und ihre Seelen erlebt haben, in anderen Gesichtern entdeckt man nur noch Apathie. Diese Anderen haben innerlich schon längst aufgegeben. Und dennoch sind sie weitergelaufen, immer weiter in diese abweisende weiße Wüste hinein, ohne jegliche Hoffnung auf Rettung, getrieben nur von dem Wunsch, dem erlebten Grauen zu entkommen, getrieben von der Sehnsucht nach der Sicherheit ihres Zuhauses, wissend, dass auch dieses Zuhause schon längst in Schutt und Asche liegen könnte.

Doch nun ist er alleine, der letzte von diesen vielen, so scheint es, und falls doch noch ein anderer versprengter Übriggebliebener sich durch diesen Winter kämpft, dann ist der so weit weg, dass sie sich gegenseitig weder sehen noch hören können.

Heute hat das Schicksal es gut mit ihm gemeint. Erst

hat er einen der Anderen gefunden, hat seinen Rucksack geplündert und ein kleines Stück Räucherspeck und eine harte Brotkante gefunden. Dann hat er seine eigenen Schuhe, deren Sohlen schon lange durchgelaufen sind und Löcher haben, Schuhe, die bei jedem Schritt schmerzen, und trotz des hineingestopften Papiers keinen Schutz mehr gaben, gegen die des Anderen ausgetauscht. Die sind zu groß, aber dafür haben sie dicke Sohlen, sind aus festem Leder und gut gewachst. Seine Skrupel hat er vor langer Zeit beiseite gelegt, der Andere hätte es im umgekehrten Fall genauso gemacht.

Dann, am späten Nachmittag, die Sonne steht fahl und blaßgelb am Horizont, kann er sie hören. Seine Erfahrung sagt ihm, dass es keine Bomber sind, die ihre Ziele anfliegen, ihre Lasten abwerfen und wieder zurück zu ihrer Basis fliegen. Nein, das, was da im Anflug ist, sind Jagdflieger, die die Steppe nach Versprengten absuchen, um sie mit ihren Maschinengewehrsalven niederzumähen.

Er ist dann losgerannt, mit letzter Kraft ist er in Richtung des kleinen, in Sichtweite gelegenen Wäldchens gerannt. Die erste Staffel dreht kurz vor ihm ab, er atmet auf, sie haben ihn nicht entdeckt. Nach einer kurzen Pause läuft er weiter, er hat sein Ziel noch nicht erreicht, also muss er weiter um sein Leben laufen. Und dann hört er sie! Sie kommen mit bedrohlichem Brummen näher und näher, sehen kann er sie noch nicht, die Luft ist nicht mehr klar genug. Dann, wie durch ein Wunder, bevor sie so nahe sind, dass sie ihn mit Sicherheit entdecken würden, legt sich gnädig ein dichter Schleier über ihn, über die Steppe, über das

Wäldchen, das er jetzt fast erreicht hat. Tränen der Erleichterung laufen über sein Gesicht, verfangen sich in seinem struppigen Bart, bevor sie dort zu kleinen Eiszapfen gefrieren.

„Opa", sie legte ihre Hand leicht auf sein Knie, „hast du gehört, was ich dir sagte?" Sie vermutete, dass er wieder weit weg gewesen war, sehr weit weg. Schuldbewusst schaute er sie jetzt an, streichelte mit seinen Händen verlegen seine warme Decke, zeichnete mit den Fingern die großen Karomuster nach.

„Nein, Liebes, entschuldige, ich habe nicht aufgepasst", gestand er ihr dann. „Oh Opa, ich weiß, es ist November! Und du bekommst wieder deinen Novemberblues, wie jedes Jahr. Das wird wohl nie aufhören, oder? So schlimm ist dieses bisschen Nebel im November doch gar nicht! Und am nächsten Sonntag ist schon der erste Advent – Mama hat den Adventskranz sicherlich schon fertig dekoriert, und beginnt, wie jedes Jahr, Weihnachtsplätzchen und Stollen zu backen. Ich verstehe echt nicht, warum dich dieses Wetter so aus den Socken haut ...!"

FALSCHE FÄHRTE

Anita Koschorrek-Müller

Der Bauernhof liegt idyllisch am Ende des Tals, eingebettet zwischen dunklen Tannenwäldern und schroffen Berghängen. Es ist kurz nach Mittag und die Sonne lacht. Majestätische Berggipfel zeichnen sich gegen den blauen Himmel ab. Es ist gar nicht so leicht gewesen, den Weg hierhin zu finden. Benedikt hatte mich vorgewarnt: „Da hast du nicht überall ein Netz."

Er hatte mir eine Wegbeschreibung geschickt, die sehr hilfreich war. Und hier, am Ende der Welt, wohnt also Benedikts Schwester Veronika, die den elterlichen Bauernhof bewirtschaftet.

Benedikt war mir an der Uni über den Weg gelaufen. Meine Freundinnen hatten mich für verrückt erklärt, als sie bemerkten, dass sich zwischen Benedikt und mir etwas anbahnte.

„Bea, was findest du bloß an diesem Landei?", wurde ich des Öfteren gefragt.

Ja, er ist schon etwas anders als die meisten Jungs in meinem Freundeskreis. Er ist Frühaufsteher, trinkt lieber Bier statt Wein, isst gerne Schweinsbraten, mag kein Sushi und hat mich eingeladen, eine Woche mit ihm auf einer Berghütte in seiner Heimat zu verbringen.

„Du wirst begeistert sein", hat er mir vorgeschwärmt und ich habe zugestimmt. Eine Woche nur wir zwei, ohne lästige WG-Mitbewohner und ohne Internet, da wird sich zeigen, ob wir zueinander passen.

Ich stelle meinen Wagen auf dem Grünstreifen neben der Scheune ab, der als Parkplatz „Für unsere Gäste" ausgewiesen ist. Nette Gegend, Natur pur, aber keine Menschenseele zu sehen. Viecher gibt's allerdings genug. Landluft umweht meine Nase. Hühner stolzieren um den Misthaufen. Auf einer Weide hüpfen ein paar meckernde Ziegen, die sich nun am Zaun versammeln und mich neugierig betrachten. Ein Stück weiter grasen zwei Ponys. Benedikt hat erzählt, dass seine Schwester, außer mit der Landwirtschaft, hier auch mit „Ferien auf dem Bauernhof" ihr Geld verdient, deshalb sicher dieser Streichelzoo mit Ziegen und Ponys.

Ich steige aus, recke und strecke mich, massiere mir den verspannten Nacken. Sechs Stunden Autobahnfahrt mit mehreren Staus haben ihre Spuren hinterlassen. Ich angele mir die Wegbeschreibung vom Beifahrersitz und studiere die Angaben. Die Adresse stimmt, ich bin auf dem Brandner-Hof. Das steht auch auf der Holztafel über dem Eingang.

An der Haustür finde ich keine Klingel, also klopfe ich und rufe: „Hallo! Ist da jemand?"

Niemand antwortet. In diesem Moment öffnet sich mit lautem Quietschen das Scheunentor. Ein Hund stürmt heraus und prescht auf mich zu, ein großer, schwarzer, struppiger Hund. Unmittelbar vor mir stoppt das riesige Tier. Der Kies spritzt auf. Panik steigt in mir hoch. Wie angewurzelt stehe ich da. Meine Hände werden feucht, ich ringe nach Luft. Ich habe Angst vor Hunden! Ich hasse Hunde! Ob dieser Köter meine Angst wittert? Du darfst dir nicht anmerken lassen, dass du Angst hast, haben mir all die Hundeversteher in meinem Umfeld immer geraten. Doch das ist leichter gesagt als getan. Das zottelige Monster kommt näher, schnüffelt an meinen Beinen, während schaumiger Speichel aus seiner Schnauze auf meine Füße tropft. Zu meiner Überraschung bellt der Hund nicht, sondern schnuppert nur an mir herum und schaut mich immer wieder an. Ich versuche ihm nicht in die Augen zu sehen. Irgendjemand hat mal gesagt, man soll Hunden nicht in die Augen schauen, sonst würden sie sich bedroht fühlen und aggressiv werden. Ich stehe unbeweglich in der prallen Sonne. Schweißtropfen rinnen mir von der Stirn in die Augen. Ich wage nicht die Hand zu heben, um die salzigen Tropfen wegzuwischen. Ich blinzele gegen das Brennen in den Augen und stehe zitternd vor dieser Bestie, warte darauf, dass sich deren Zähne in meinen Oberschenkel graben. Sekunden werden zu gefühlten Ewigkeiten. Ich halte das nicht mehr aus. Beiß doch endlich zu, du Mistvieh! Doch die Bestie wendet sich ab und verschwindet wieder in der Scheune. Himmel nochmal, ist denn in dieser verdammten Gegend niemand, der diesen Köter an die Leine nimmt? Es ist unverantwortlich, einen solch gefährlichen Hund frei herumlaufen zulassen. Langsam mache ich ein paar Schritte vorwärts, löse mich aus der Erstarrung, reibe mir das brennende Salz aus den Augen. Am besten setze ich mich in mein Auto. Dort bin ich sicher, falls diese Bestie nochmal auf der Bildfläche erscheint, und warte, bis jemand kommt. Ich lausche angestrengt. Wenn der Hund zurückkommt, muss ich ganz schnell rennen … Ich höre lautes Gackern und Flattern, doch die Hühner, die am Misthaufen picken und scharren, verursachen diese Geräusche nicht, die nun immer lauter werden. Eine männliche Stimme ist zu hören. Da muss jemand hinter dem Haus sein. Ich nehme allen Mut zusammen, immer ein Auge zum Scheunentor, hinter dem vermutlich der Hund lauert, und gehe Schritt für Schritt hinters Haus. Ich blicke um die Hausecke und es bietet sich mir ein entsetzlicher Anblick. Vor einem Hackklotz steht ein hünenhafter, alter Mann und lässt eine Axt auf einen bunten Vogel niedersausen. Die Schneide der Axt funkelt im Sonnenlicht und das zappelnde Federvieh schlägt, auch nachdem ihm der Kopf abgehackt worden ist, immer noch mit den Flügeln. Abrupt drehe ich mich um, renne, als ginge es um mein Leben, zu meinem Wagen. Ich kann erst wieder einen klaren Gedanken fassen, nachdem ich im Auto sitze und die Türen von innen verriegelt habe. Mein Herz rast. Ich schließe die Augen, zwinge mich langsam zu atmen, tief einatmen, langsam ausatmen, tief einatmen … Erst jetzt realisiere ich, was ich eben beobachtet habe: Einen Mann, der einem Hahn, ja, es war eindeutig ein Hahn, den Kopf abgehackt hat. Ich umklammere das Lenkrad, um das Zittern meiner Hände in den Griff zu bekommen.

Oh Gott, warum habe ich nur zugestimmt, mit Benedikt eine Woche in dieser gottverlassenen Gegend zu verbringen, auf einer Berghütte im Niemandsland bei diesen Eingeborenen?

„Fahr schon mal vor", hat er in der Mail geschrieben. „Ich komme am Samstag nach. Meine Schwester ist eine ganz Liebe, die zeigt dir den Weg zur Hütte und sorgt für die Verpflegung. Oder hast du Angst, eine

Nacht alleine auf einer Berghütte zu verbringen?"

Dann hat er ein entsetztes blasses Smiley-Gesicht eingefügt. Ich und Angst!

„Wenn man in der Großstadt aufgewachsen ist und in einer WG lebt, in deren Nachbarschaft Drogendealer und Prostituierte verkehren, kann einen so schnell nichts erschüttern", habe ich geantwortet.

„Kannst aber auch auf dem Hof übernachten, da gibt es Gästezimmer, und dort warten, bis ich komme", hat er noch geschrieben.

„Kein Problem, ich übernachte auf der Hütte", lautete meine großspurige Antwort. Ich dachte immer, ich wäre hart im Nehmen und nun bringt mich ein Hundemonster aus dem Tritt und ...

Jemand klopft auf das Autodach. Ich schrecke zusammen. Da steht ein riesiger Mann mit Händen so groß wie Bratpfannen und grinst mich an. Es ist der Hähnchenmörder. Er ist in Begleitung des riesigen Köters, der das Seitenfenster meines Autos vollsabbert. Ich öffne das Fenster einen winzigen Spalt.

„Grüß Gott, ich bin der Sepp. Sie sind sicher das Fräulein aus der Stadt. Der Beni hat Bescheid gesagt, dass Sie heut' kommen. Die Vroni hat gewartet, aber jetzt ist sie schon auf die Hütte rauf, alles richten. Wollen Sie auf der Hütte übernachten oder lieber hier auf dem Hof?"

Ich schaue mir diesen grinsenden Henkersknecht ganz genau an. Er ist alt, sehr alt. Seine schmutzige Arbeitshose ist übersät mit dunkelroten Spritzern und er ist schlecht rasiert. Sein rechtes Ohr ist blutverschmiert und seine Zähne – die suche ich vergebens. Er hat einen stechenden Blick. In den kleinen wässrig blauen Augen, halb verdeckt von den überhängenden Augenlidern, erkenne ich ein verdächtiges Glitzern. Kann ich diesem verlotterten Greis trauen? Dem Monsterhund traue ich ja sowieso nicht. Aber ich kann nicht bis morgen hier im Auto sitzenbleiben. Ich werde meinen ganzen Mut zusammennehmen, jetzt aussteigen und ganz bestimmt nicht die Nacht auf dem Hof verbringen, sondern zur Hütte aufsteigen. Dort bin ich in Sicherheit und werde mich eindeutig besser fühlen als in Gesellschaft dieses Hähnchenmörders nebst Hund.

„Würden Sie bitte den Hund festhalten", sage ich mit matter Stimme.

„Ham S' Angst vor Hunden?"

„Äh, ja, schon, der hier ist aber auch sehr groß."

„Ach, der ist ein ganz Netter."

„Ja, ja, ich weiß, der will nur spielen", gebe ich sarkastisch zurück.

„Ne, spielen tut der nicht mehr, dafür ist er schon zu alt. Aber neugierig ist er und ein guter Wachhund. Schaut halt immer nach, wenn jemand kommt."

Der Henkersknecht tätschelt dem Vieh den dicken Schädel.

„Gell, Killer, bist ein ganz Braver!"

Ich spüre, wie sich mein Magen verknotet. Der Hund heißt „Killer"!

Mutig öffne ich die Autotür. Der alte Mann hält Killer am Halsband fest.

„Andere Schuh müssen S' schon anziehen, wenn S' auf die Hütte wollen", meint er, während er meine schicken Sandaletten mustert.

„Ja, klar."

„Ich hole Ihnen mal die Karte, damit Sie den Weg finden", sagt der Alte und verschwindet mit dem Riesenköter im Haus.

Kurze Zeit später sind die beiden wieder da und dieser Eingeborene überreicht mir einen Flyer, auf dem der Hof und der Weg zur Berghütte eingezeichnet sind.

„Ich würd' Ihnen ja Killer mitgeben, der kennt den Weg, aber wenn S' Angst vor Hunden haben … Ich muss hierbleiben, weil gleich die Feriengäste von ihrer Tour zurückkommen."

Ich habe die Wanderschuhe angezogen und den Rucksack gepackt.

„Ist okay, ich werd' die Hütte schon finden."

Nur schnell weg hier!

„In einer knappen Stunde sind Sie oben. Der Weg ist nicht schwierig und gut ausgeschildert. Bei den ‚Drei Mördern' halten sie sich links am Wasserfall vorbei", erklärt der Alte und zeigt auf die kleine Wanderkarte in der Innenseite des Flyers.

Ich nicke stumm und suche das Weite. Nach einer Weile schaue ich mich um. Der Sepp steht da, winkt und der Killerhund kommt mir, Gott sei Dank, nicht hinterher. Die frische Luft tut mir gut und meine überreizten Nerven beruhigen sich langsam. Ich stapfe bergauf, riskiere immer mal wieder einen Blick zurück. Warum hat der Alte diesem Federvieh den Kopf abgehackt? Und was hat es mit dem blutigen Ohrläppchen auf sich? Hoffentlich ist Benedikts Schwester etwas vertrauenerweckender als die beiden, die auf den Hof aufpassen. An einer Weggabelung steht ein Hinweisschild „Drei

Mörder". Ich studiere die Wanderkarte, auf der dieser Hähnchenmörder einen blutigen Daumenabdruck hinterlassen hat. Der Weg führt an einem Bach entlang, dessen Wasser über einen kleinen Felsvorsprung ins Tal stürzt. Ich erreiche die Waldgrenze und vor mir breiten sich saftige Almwiesen aus. An dem schmalen Pfad, der bergan führt, stehen eine verwitterte Bank und ein altes, steinernes Wegekreuz.

„In Gedenken an den Gehenkten – Anno 1736"

Jetzt reicht's aber! Sind schon ein blutrünstiges Völkchen, diese Bergbewohner! Ich nehme auf der Bank Platz und hole meine Wasserflasche aus dem Rucksack. Eine kleine Pause wäre nicht verkehrt; obwohl, ich müsste doch schon bald die Hütte erreicht haben. Hoffentlich habe ich mich nicht verlaufen. Erstmal genieße ich die Aussicht, trinke einen Schluck Wasser und meine Hand streicht über das verwitterte Holz der Bank. Doch was ist das – ein feuchter Fleck auf dem grauen Holz! Ich prüfe mit den Fingerspitzen die Konsistenz der Flüssigkeit – schmierig und ... rot. Sollte es sich hier um Blut handeln? Das Grauen hat mich wieder eingeholt. Ein eiskalter Schauer geht durch meinen Körper und die Härchen an meinen Armen richten sich auf – tief durchatmen, nur keine Panik. Jetzt habe ich diesen Henkersknecht und dieses Hundemonster überstanden, dann lasse ich mich doch nicht von einem roten Fleck auf einer Bank aus dem Konzept bringen. Ich packe meine Wasserflasche ein und schultere den Rucksack. Auf geht's! Weit kann es nicht mehr sein. Der Pfad wird schmaler, steiniger, fordert meine ganze Aufmerksamkeit. Ich hefte meinen Blick auf den Boden und alle paar Meter entdecke ich auf dem Weg kleine rote Tropfen – Blutstropfen? Jetzt bloß nicht hysterisch werden. Es gibt für das alles sicher eine ganz simple Erklärung – oder nicht? Nach ein paar Metern entdecke ich die Hütte, die geschützt in einer Mulde liegt, und um mich herum ein atemberaubendes Panorama. Mein Freund hat nicht zu viel versprochen. Die Tür der Hütte steht offen. Eine kleine, stämmige Frau tritt heraus, geht freundlich lächelnd auf mich zu und reicht mir die Hand: „Grüß Gott, ich bin die Vroni."

„Bea. Hallo."

„Bea? Ich dachte, du heißt Trixi?"

„Beatrix."

„Auch gut", meint Benedikts Schwester und mustert mich abschätzend. „Es ist alles gerichtet. Feuerholz liegt bereit und ich hab dir eine ordentliche Brotzeit hingestellt. Du hast doch sicher Hunger?"

Ich nicke, obwohl mir die Ereignisse der letzten Stunden auf den Magen geschlagen sind. Nach einem kurzen Rundgang um die Hütte und ein paar erklärenden Worten zum Ofen, zur Beleuchtung und zum Klohäuschen verabschiedet sich die dralle Person: „Hast du dir das alles merken können oder soll ich's noch aufschreiben?"

„Du hältst mich wohl für sehr dämlich?", antworte ich.

Die Vroni zieht die Augenbrauen hoch, geht aber gar nicht auf meine unhöfliche Antwort ein und wünscht mir einen schönen Aufenthalt.

„Der Beni kommt ja morgen auch herauf", meint sie noch, während sie ihren Rucksack schultert. „Hast du denn keine Angst, heut' Nacht, so alleine?"

„Nee, nee, kein Problem", entgegne ich, bin mir meiner Sache aber mittlerweile nicht mehr so sicher. Doch die Vroni ist skeptisch. „Ich frag' halt nur. Bei den Städtern weiß man ja nie."

Dann zeigt sie zum Himmel.

„Heute Abend gibt's noch was."

Im Westen haben sich schwarze Wolken aufgetürmt, die nichts Gutes verheißen, und ein Grummeln ist zu hören. Ich schaue Benis Schwester hinterher, wie sie den Pfad hinabsteigt. Ihr Rucksack ist im unteren Bereich dunkelrot verfärbt. Hoffentlich ist das kein Blutfleck.

Die Hütte besteht lediglich aus einem großer Raum, in dem gekocht und gegessen wird, mit einem Ofen, einem großen Tisch, einer Eckbank und zwei Stühlen. Durch die niedrige Decke, die rotkarierten Vorhänge an den Fernstern, die bunten Stuhlkissen wirkt die Hütte urig und gemütlich. Eine Leiter führt hinauf auf den Dachboden zum Matratzenlager. Fließendes Wasser gibt es am Brunnen neben der Hütte und das Häuschen, mit dem Herz in der Tür, liegt etwas abseits hinter einem Schuppen. Ich richte mich häuslich ein und gehe dann zum Brunnen, um mir Gesicht und Hände zu waschen. Herrlich! Dieses kühle Quellwasser tut gut, doch das Gewitter, das sich über dem Tal zusammenbraut, macht mich nervös. Der Wind hat aufgefrischt und der Himmel über mir ist fast schwarz. Die ersten Blitze zucken. Ich trockne mir Gesicht und Hände ab und eine Windböe reißt mir das Handtuch aus den Händen. Es landet hinter dem Trog, in den das Quellwasser plätschert. Ich bücke mich, um das Handtuch aufzuheben, und entdecke am Boden einen großen, dunklen Fleck. Was ist das? Blut? Hat diese Vroni hier vielleicht auch irgendein Viech ins Jenseits befördert? Ich schiebe diese Gedanken beiseite, denn es kracht gewaltig, und ich flüchte in die Hütte. Ich zittere am ganzen Körper. Das Gewitter scheint jetzt über mir zu sein. Ich kauere mich, in meinen Schlafsack gewickelt, auf die Bank am Fenster und schaue hinaus in dieses Inferno. Blitz und Donner folgen dicht aufeinander. Die Erde bebt. Großer Gott, so ein Gewitter habe ich noch nie erlebt. Ich hasse Gewitter! Als kleines Kind habe ich mich schon immer in meinem Bett unter der Decke versteckt und gewartet, bis alles vorüber war. Warum war ich nur einverstanden, mit Benedikt hierher zu fahren, in diese Einöde fernab jeglicher Zivilisation? Ich wühle mein Handy aus dem Rucksack. Wenn ich jetzt Benedikts Stimme hören könnte, würde ich mich gleich besser fühlen. – Kein Netz. Regen prasselt vom Himmel. Es wird kälter und der Regen geht langsam in Schnee über. Mit zitternden Händen versuche ich das Feuer im Ofen zu entfachen. Es klappt nicht. Ich habe noch nie in meinem Leben in einem Ofen Feuer gemacht. Zuhause, bei meinen Eltern, hatten wir einen Elektrokamin. Es gelingt mir, trotz meiner zitternden Hände, die Kerze anzuzünden, die auf dem Tisch steht. Eine Taschenlampe liegt daneben. Jetzt fällt mir ein, dass die Vroni mich extra darauf hingewiesen hat, dass Batterien in der Schublade liegen. Gut zu wissen, noch eine Lichtquelle zu haben, wenn die Kerze heruntergebrannt ist. Kälte kriecht in mich hinein. Ich ziehe zwei Pullover übereinander an, stecke die Beine in meinen Schlafsack, wickele mich noch zusätzlich in eine Decke, die ich in einem Schrank entdeckt habe, und weine leise vor mich hin. Eine Maus huscht durch die Hütte. Ich werde diese Nacht nicht überleben, da bin ich mir ganz sicher! Von einer Sekunde auf die andere ist es taghell in der Hütte und im selben Augenblick folgt ein Donnerschlag, der mir das Blut in den Adern gefrieren lässt. In unmittelbarer Nähe der Hütte muss der Blitz eingeschlagen sein. Ich sitze da, zu keiner Gefühlsregung fähig. Ich glaube, ich bin tot …

Zeit verrinnt, während draußen der Sturm heult und am Hüttendach rüttelt. Ich atme, also kann ich nicht tot sein. Auf dem Tisch steht die Brotzeit, von der Vroni gesprochen hat. Durch einen Schleier von Tränen erkenne ich einen kleinen Krug, auf dem eine blaue Blume abgebildet ist. Mit zitternden Händen greife ich danach, öffne vorsichtig den Verschluss und schnuppere. Schnaps! Ich setze den Krug auf, trinke einen großen Schluck und noch einen und noch einen … Jetzt ist sowieso alles egal! Und diesen Beni werde ich eiskalt abservieren. Der hat mich in diese Situation gebracht. Er ist an allem schuld – dieses Landei, dieser Hinterwäldler!

Es rumpelt vor der Tür. Ich halte die Luft an. Jetzt werde ich definitiv doch noch sterben. Ich höre Männerstimmen. Langsam öffnet sich die Tür, quietscht in den Angeln. Obwohl ich nicht mehr atme, kann ich noch sehen und hören. Das finde ich erstaunlich.

Der Beni tritt ein, gefolgt von dem Hähnchenmörder, und im Schlepptau haben sie den schwarzen Monsterhund.

„Trixi!" Beni fällt vor der Bank, auf der ich kauere, auf die Knie und legt die Arme um mich.

„Geht's dir gut? Warum sitzt du denn hier im Dunklen? Und Feuer hast du auch keins gemacht."

Ich bin wie erstarrt und bringe keinen Ton heraus.

Der Monsterhund schaut mich an und schüttelt sich. Ich spüre auf meinem Gesicht eiskalten Sprühregen, doch ich bin zu keiner Gefühlsregung fähig.

„Das Madel steht unter Schock", höre ich den Hähnchenmörder sagen, während er am Herd hantiert. „Ich hab dir ja gesagt, wir müssen noch heut' Abend auf die Hütte rauf und nach dem Rechten schauen. So eine aus der Stadt, die packt das nicht, und dann noch das mordsmäßige Gewitter."

„Trixi, nun sag doch mal was", fleht mich der Beni an, setzt sich neben mich und nimmt mich in den Arm. „Du bist ja eiskalt."

„Ich will hier weg", flüstere ich und dann brechen alle Dämme. Schluchzend wiederhole ich den Satz etwas lauter: „Ich will hier weg."

„Sepp, was mach ich nur mit ihr?", fragt Beni verzweifelt. „Sie hat 'nen ganz glasigen Blick."

Der Sepp, der inzwischen den Ofen angeheizt hat, betrachtet mich eingehend, nimmt meine Hand und fühlt mir den Puls. Dann greift er zu dem kleinen Krug, der auf dem Tisch steht, und schüttelt ihn.

„Die hat zu viel Enzian gesoffen und wahrscheinlich nichts im Magen. Das ist alles."

Beni drückt mich fester an sich und streichelt mir über den Kopf.

„Keine Sorge, Trixi, das wird wieder."

„Kriegst gleich 'ne Tasse heiße Hühnerbrühe", sagt der Hähnchenmörder und klopft mir mit seiner riesigen Pranke auf die Schulter, dass ich zusammensacke.

Entgeistert schaue ich den alten Mann an – Hühnerbrühe vom Hähnchenmörder ...

Wohlige Wärme breitet sich in der Hütte aus. Beni hat die Gaslampen angezündet und die Welt sieht gleich ganz anders aus.

Nun setzt sich der Sepp zu mir auf die Bank, lächelt mich zu meiner Überraschung nicht mehr zahnlos an und drückt mir eine große Tasse mit einer heißen Flüssigkeit in die Hand.

„So eine heiße Hühnerbrühe weckt die Lebensgeister. Sollst mal sehen, gleich geht's dir besser."

Dankbar umklammere ich mit kalten, steifen Fingern die dickbauchige Tasse und schlürfe die heiße Brühe, während Beni unsere Rucksäcke auspackt und aufs Matratzenlager hievt.

„Hast dich gestern sicher vor mir gegraust, weil ich doch keine Zähne hatte. Die waren noch beim Zahnarzt. Das macht so einen alten Sack wie mich erst recht unattraktiv", meint der Sepp schmunzelnd.

„Nein, nein", beschwichtige ich. „Das war gar nicht schlimm. Aber ich kam gerade dazu, als du einen Hahn geschlachtet hast, und dann war da noch dein blutiges Ohrläppchen. Das hat mich alles ziemlich durcheinandergebracht."

„Oh", der Sepp schaut überrascht, doch dann erscheint ein breites Grinsen auf seinem verwitterten Gesicht. „Tja, Madel, ich hab gestern, als unsere Feriengäste unterwegs waren, unseren Hahn, den Herkules, geschlachtet. Der hat immer die Kinder der Feriengäste angegriffen. Vermutlich hatte ich noch Blut an den Händen, als ich dich da im Auto auf dem Hof hab sitzen sehen und mein Hörgerät eingeschaltet hab. Ich komm mit dem Ding einfach nicht zurecht."

Der Beni klettert die Leiter vom Matratzenlager herunter, setzt sich zu uns und legt wieder den Arm um mich.

„Kannst dich beim Sepp bedanken, dass wir bei dem grausigen Wetter noch auf die Hütte rauf sind. Der hat nicht lockergelassen. Er hat mir ganz schön die Hölle heiß gemacht, weil ich zugelassen hab, dass du die Nacht hier oben alleine verbringst. Der hat sich schon immer um alles und jeden gekümmert. Er war schließlich über vierzig Jahre hier bei uns der Landarzt."

Ich traue meinen Ohren kaum und spüre, wie mir warm wird. Oh Gott, was ist mir das alles so peinlich. Was habe ich von diesem Mann gedacht. Für mich war er ein verlotterter Greis. Hoffentlich werde ich jetzt nicht rot. Naja, und wenn, dann könnte man denken, das wäre von der heißen Suppe und dem Schnaps. Doch der Sepp schaut mich an und zwinkert mir zu. Er hat mich wohl durchschaut.

Ich lege meine Hand auf seine bratpfannengroße Hand und sage: „Danke. Wisst ihr, das war heute einfach alles zu viel für mich. Der Hund hat mir Angst gemacht und ich kam gerade dazu, als der Hahn geschlachtet wurde. Dann habe ich überall diese Blutspuren entdeckt und es kam auch noch das schreckliche Gewitter und … ", ich reiße die Augen auf, „wisst ihr auch, dass in der Hütte eine Maus ist?"

„Ja, das wissen wir", antwortet Sepp milde lächelnd. „Aber Blutspuren? Wo hast du die denn gesehen?"

„Überall auf dem Weg hierauf, draußen beim Brunnen und hier."

Ich zeige auf den Prospekt mit dem blutigen Daumenabdruck, der auf dem Tisch liegt, den mir der Sepp mitgegeben hatte, damit ich den Weg finde. Der Sepp nimmt den Zettel und versucht gleich seinen Daumenabdruck abzuwischen, während der Beni losprustet.

„Ich weiß, was das war. Das war Holundersaft! Die Vroni hat für uns 'ne Flasche mit auf die Hütte genommen und die ist im Rucksack kaputtgegangen. Vroni hat vielleicht geflucht, weil ihr ganzer Rucksack versaut ist."

„Holundersaft?"

Ich bin fassungslos und merke erst jetzt, wer sich vor mir am Boden niedergelassen hat und mir die Füße wärmt – der Hund „Killer".

Der Sepp legt den Arm um mich, drückt mich an seinen kratzigen Wollpullover, so dass ich Bedenken habe, ob meine Rippen dem standhalten, und meint: „Ach Madel, da warst du wohl auf einer ganz falschen Fährte."

LEBENDIG BEGRABEN

Frank Andel

Gähnend schob Joanna Watson die langen Vorhänge ihres Zimmers zur Seite und ließ das sanfte Tageslicht hinein. Draußen war ein sonniger Samstagmorgen und vor dem Wohnheim konnte sie bereits ein paar ihrer Freunde erkennen, die entspannt auf der Wiese saßen und sich angeregt unterhielten. Der Anblick ließ sie lächeln und sie beschloss, sich später zu ihnen zu gesellen, um das Neueste vom Campus zu erfahren. Das war immer eine angenehme Abwechslung von den ermüdenden Vorlesungen und Klausuren unter der Woche.

Mittlerweile war über ein Jahr vergangen, seit sie mit dem Medizinstudium begonnen hatte, und sie hatte sich gut eingelebt. Ihre Mitbewohnerin Sheila Holmes war offenbar schon aufgebrochen, ihre Bettdecke war wie üblich aufgeschlagen, das Bettzeug zerwühlt. Sie gönnte sich nicht mehr als ein paar Stunden Nachtruhe. Ständig ging sie irgendwelchen Erledigungen und Nachforschungen nach. Manchmal war Joanna aufgewacht und hatte mitbekommen, dass Sheila oft erst lange nach ihr ins Zimmer zurückkam – und früh morgens wieder hinausschlich.

Joanna fragte sich, wo sich Sheila zu dieser frühen Stunde nun wieder herumtrieb. Aber als ihr Blick auf die Garderobe neben der Zimmertür fiel, runzelte sie verwundert die Stirn. Sheila hatte gar nicht ihren Mantel mitgenommen. *Ziemlich ungewöhnlich.* Obwohl sie sonst keine sentimentalen Neigungen zeigte, schien sie an diesem Kleidungsstück zu hängen und man traf sie selten ohne ihren schwarzen, schon etwas abgewetzten Filzmantel an.

Erstaunlich, dass sie sich jetzt so gut vertrugen, denn bei ihrer ersten Begegnung hatte Joanna Sheila nicht leiden können. Sie hatte sich ihr gegenüber ziemlich rücksichtslos verhalten, einfach im Zimmer geraucht und erstaunlich treffsicher analysiert, dabei aber auch die Treue ihres Freundes in Frage gestellt – und das nur mit einem Blick auf den Ring, den Joanna von ihm geschenkt bekommen hatte.

Aber sie hatte Joanna auch geholfen, ihr verschwundenes Smartphone wiederzubeschaffen. Schnell hatte sich gezeigt, dass Sheila eine besondere Begabung hatte, Hinweise zu erkennen und zu kombinieren. Und leider war diese sehr zuverlässig: So fand Joanna heraus, dass ihr Freund sie wirklich betrogen hatte, worauf sie sich von ihm trennte. Anfangs war es ihr sehr nahe gegangen. Aber sie war froh, in Sheila eine neue Freundin gefunden zu haben, deren Gesellschaft sie von ihrem Kummer ablenkte.

Während ihrer gelegentlichen Spaziergänge über das Campusgelände und durch die nahen Wälder führten sie stets anregende Gespräche. Joanna hatte das Gefühl, dass sie eine Menge von Sheila lernte und ihre oft zu einseitige Sichtweise auf viele Aspekte des Lebens enorm erweitert wurde.

Manchmal fiel ihr auf, dass Sheila wiederum bei Themen, zu denen sie anscheinend nicht viel beizusteuern hatte – speziell im zwischenmenschlichen Bereich –

ruhiger wurde und Joannas Erzählungen aufmerksam lauschte und gegebenenfalls Fragen stellte. Sheila war stets an allem Neuen interessiert. Sie konnte Informationen wie ein Schwamm aufsaugen und sich diese über beliebig lange Zeiträume wörtlich merken. Wahrscheinlich fiel ihr deshalb auch das Studium so leicht, während sich Joanna zu ihrem Leidwesen immer ziemlich reinknien musste, um gute Ergebnisse zu erzielen.

Nun machte sie sich im Bad frisch und zog sich um. Als sie zurück ins Zimmer ging, fiel ihr auf, dass einer ihrer Ohrringe nicht richtig saß, und sie fummelte daran herum. Plötzlich löste sich der Ring, fiel hinunter, rollte über den Boden und unter Sheilas Bett. *Auch das noch!*

Joanna ging in die Knie, tastete unter dem Bett nach ihrem Ohrring, fasste ihn, berührte aber noch etwas Großes, Glattes. Sie runzelte die Stirn und zog den Gegenstand hervor: ein riesiges Whiteboard, an das unzählige Zettel mit verschlüsselten Notizen geheftet waren.

Sie schob ihre Brille zurecht und blickte mit besorgter Miene auf die Zettel. Sie wusste nicht, was darauf stand – und natürlich war das Sheilas Absicht. Niemand sollte es wissen. Aber Joanna hatte dennoch so manches von dem mitbekommen, womit sich Sheila in letzter Zeit neben ihrem Studium sonst noch beschäftigte, und sie hatte einen Verdacht, was möglicherweise auf den Zetteln stand.

Seit ihrer Ankunft im Wohnheim des Joesph-Bell-Colleges vor einem Jahr hatte Sheila ein zunehmendes Interesse an Ermittlungen in kriminellen Vorfällen auf dem Campus entwickelt. Dazu gehörten Drogenhandel, Erpressungen und Angriffe. Aber diese Aktionen liefen oft im Verborgenen ab. Sheila hatte jedoch auf eigene Faust ermittelt und ihr von mancher der Taten berichtet. Bald hatte Sheila herausgefunden, dass die meisten dieser Taten auf einen geheimen Bund innerhalb ihrer Fakultät zurückgingen, den sogenannten Spinnenzirkel, und in den letzten Monaten konnte sie einige Informationen zu diesem Kreis und seinen Mitgliedern zusammentragen, von denen sich wahrscheinlich einige in verschlüsselter Form auf den Notizzetteln am Whiteboard befanden.

Einerseits hätte Joanna ihr gerne bei ihren Ermittlungen geholfen. Andererseits hatte sie ein ungutes Gefühl bei der Sache und glaubte kaum, dass sie Sheila eine wirkliche Hilfe sein konnte, immerhin arbeitete deren Verstand auf analytischere Weise.

Außerdem wollte Joanna lieber nichts mit diesen kriminellen Aktivitäten auf dem Campus zu tun haben. Sie fragte sich, warum das überhaupt ein Thema sein musste und sie diese Dinge mitbekam, und warum sie nicht einfach ein normales Leben führen und unbedarft studieren konnte, so wie die anderen Studenten auch.

Rasch verstaute sie das Whiteboard wieder unter Sheilas Bett und bemühte sich, den ursprünglichen Zustand des Bettes wieder herzustellen. Wahrscheinlich würde Sheila dennoch sofort auffallen, dass sich irgendeine Kleinigkeit verändert hatte, sie hatte ein gutes Auge für Details. Aber wenn Joanna von ihr zur Rede gestellt werden würde, würde sie ihr einfach die Wahrheit sagen. Immerhin war sie aus Versehen auf

Sheilas Notizen gestoßen und hatte sie nicht ausspionieren wollen.

Als plötzlich ihr Smartphone klingelte und sie den Anrufer auf dem Display bemerkte, zuckte Joanna zusammen, glaubte sie doch für einen Augenblick an eine seltsame Fügung. Als sie den Anruf entgegennahm, lächelte sie jedoch. „Hey, Sheila, wie geht´s?"

Sheilas Stimme klang drängend. „Man hat mich entführt und in eine Kiste gesperrt – und diese eingegraben!"

Joanna richtete sich auf, ein klammer Schauer überkam sie. Sie griff ihr Smartphone fester. „Was? Wer hat dir das angetan?"

„Egal, du musst mich suchen! Der Sauerstoff in dieser Kiste wird nicht ewig reichen."

Joanna hatte das Gefühl, dass der Boden unter ihren Füßen wegsackte.

„Warum rufst du nicht die Polizei an?"

„Die würden das glatt für einen Telefonstreich halten. Und selbst, wenn nicht: Das nächste Revier ist ein paar Kilometer entfernt. Bis die mich gefunden haben, bin ich tot. Du bist näher dran."

„Okay, wo bist du?"

„Weiß ich nicht."

„Wie?"

„Ich hab nichts gesehen, als sie mich herbrachten. Sie hatten mir einen Sack über den Kopf gezogen."

„Aber wie soll ich dich dann finden?"

„Ich hab ein paar Dinge mitbekommen. Du musst anhand meiner Beschreibungen der Spur vom Anfangspunkt aus folgen."

„Und wo ist der?"

„Beim Haupteingang des Wohnheimes. Bitte beeil dich."

Für einen Augenblick war Joanna wie gelähmt, doch dann merkte sie, dass sie nur Zeit verschwendete, wenn sie sich jetzt nicht beeilte und den Spuren folgte, und sie steckte ihr Smartphone in die Jackentasche und sprang auf.

Als sie aus dem Zimmer stürmte, prallte sie jedoch mit einer anderen Studentin zusammen, die gerade über den Korridor ging. Wie Joanna hatte sie blondes Haar, blaue Augen und ein hübsches Gesicht. Sie sah unscheinbar aus, aber sie war eine der cleversten Studentinnen des Jahrgangs und Joanna bewunderte, ja, beneidete sie für die Mühelosigkeit, mit der ihr anscheinend alles gelang. Eine Spitzenfigur, Top-Noten, ein großer Freundeskreis, zu dem sich auch Joanna zählen durfte, ein süßer Freund, Studentensprecherin – Jenny schien diese Dinge aus dem Ärmel zu schütteln, als wenn sie nichts dafür tun müsste.

„Jenny?", sagte Joanna überrascht und ein Hauch von Jennys fruchtig-frischen Rosenparfum streifte ihre Nase.

„Sorry, ich hab nicht aufgepasst." Sie wollte weiterlaufen.

„Schon okay", entgegnete Jenny, freundlich wie immer.

Joanna bemerkte einen nicht vollständig überschminkten Bluterguss an ihrem linkem Auge. „Alles okay? Hast du dich verletzt?"

„Hab vorhin nicht aufgepasst und mir den Kopf an einer offenen Schranktür gestoßen. Nicht weiter schlimm. Aber danke, dass du fragst. Wo willst du hin?"

Joanna zögerte für einen Augenblick. „Ich hab noch etwas zu erledigen."

Sie hielt bewusst die Wahrheit zurück, denn mit ihrer Kombinationsgabe und ihren Hobby-Ermittlungen war Sheila nicht bei allen Studenten angesehen. Einige hielten sie für eine Spinnerin, die sich wichtig machen wollte, und Joanna wollte verhindern, dass es noch mehr Klatsch auf Sheilas Kosten gab.

„Okay", sagte Jenny. „Kommst du nachher mit uns in die Stadt?"

„Klar", murmelte Joanna und eilte weiter.

„Bis später, Joanie!", hörte sie Jenny hinter sich rufen.

Während sie durch das verwinkelte Wohnheim rannte, kam Joanna immer wieder an anderen Studenten vorbei und fragte sich insgeheim, ob jemand von ihnen vielleicht mit Sheilas Entführung zu tun hatte. Der einen oder anderen Person, die sie kannte, konnte sie durchaus so etwas zutrauen, aber den meisten eher nicht. Ob sie vielleicht von jemandem heimlich beobachtet wurde? Dieser Gedanke missfiel ihr zutiefst.

Bald erreichte sie den Haupteingang und holte das Smartphone hervor, das noch immer mit Sheila verbunden war. „Okay, ich bin da!"

„Zuerst liefen sie mit mir über einen Kiesweg ..."

Es gab nur einen Kiesweg, der vom Gebäude wegführte, und Joanna eilte diesen entlang.

„Ja!"

„... dann über eine Straße oder einen Platz mit glatt betoniertem Boden."

Joanna blieb an einer Weggabelung stehen. Ein Weg führte zum Parkplatz des Wohnheimes und ein anderer zur Mensa, wo es ebenfalls einen Parkplatz gab.

„Wie lange waren sie dorthin unterwegs?", fragte sie.

„Vielleicht zwei Minuten."

Joanna überlegte, wie lange sie von hier aus zum Parkplatz brauchte. Zwar war Sheila getragen worden, aber dennoch hätten ihre Entführer vermutlich nicht wesentlich länger gebraucht.

„Den Parkplatz des Wohnheimes könnten sie schneller erreichen. Das muss der Parkplatz bei der Mensa gewesen sein!"

„Sehr gut. Sie luden mich dort in ihren Wagen und fuhren los, aber nicht lange. Ich muss also noch im näheren Umfeld sein, nur wenige Kilometer entfernt."

Joanna eilte zu ihrem Wagen, der auf dem Parkplatz des Wohnheimes abgestellt war, sprang hinein, steckte das Smartphone in die Halterung am Armaturenbrett und schaltete auf Lautsprecher. Dann fuhr sie zur Mensa und von dort aus zur nächsten Ausfahrt. Ein paar Meter weiter kam sie an eine Straßengabelung.

„In welche Richtung sind sie von der Mensa-Ausfahrt aus gefahren?"

„Rechts."

Joanna fuhr weiter und schaltete hastig die Gänge hoch, während sie die Landstraße entlang raste. Das laute Röhren des Motors hatte etwas Beruhigendes an sich.

„Fahr nicht so schnell", sagte Sheila.

„Was?"

„Du fährst zu schnell, ich kann es hören. Fahr langsamer. Meine Entführer fuhren nicht schnell, aber sie waren auch nicht lange unterwegs, meine Position kann nicht weit von der Uni entfernt sein. Wenn du zu schnell fährst, entfernst du dich bald wieder von mir. Nach etwa fünf Minuten sind sie über einen Schotterweg gefahren ..."

Joanna warf einen kurzen Blick auf ihr Smartphone. Sie war bereits länger als fünf Minuten unterwegs.

„Schotterweg? Hier gibt es keinen. Aber vor einem Kilometer war eine Weggabelung in einen Wald. Vielleicht ist es ja dort."

Joanna wendete rasch und brauste in die Richtung zurück, aus der sie gekommen war. Bald erreichte sie die Gabelung und nahm diesmal den anderen Weg.

„Ein paar Minuten nach dem Schotterweg hatten sie mich ausgeladen", erzählte Sheila weiter. „Wir kamen an einer Kirche vorbei, sie schlug zur vollen Stunde."

Nach einer kurzen, holprigen Fahrt durch ein Waldstück erreichte Joanna ein Dorf. Dort sah sie auch einen Kirchturm, der einzige weit und breit. *Sehr gut!*

Jedoch waren die Straßen in dem Ort sehr eng und größtenteils zugeparkt, so kam sie nur sehr langsam voran. Sie schlug auf das Lenkrad. *Verdammt, ausgerechnet jetzt!*

Panisch suchte sie nach einem freien Platz, wo sie ihren Wagen abstellen konnte. Jede Minute, die verging, würde sie wertvolle Zeit kosten, würde Sheila dem sicheren Tod näher bringen. Und das wollte sie sich lieber nicht vorstellen!

Sheila mochte eigenartig sein, ja, sonderbar, aber sie war ein guter Mensch. Sie hatte es nicht verdient, dass ihr etwas zustieß. Obwohl sie sich erst seit einem Jahr kannten, war die Vorstellung, sie zu verlieren, zu viel für Joanna. Es wäre, als hätte jemand gewaltsam den Lauf der Welt geändert. Sie konnte, nein, sie *wollte* sich ein Leben ohne Sheila Holmes nicht vorstellen. Es fühlte sich falsch an. Es durfte nicht sein! Und gleichzeitig kam ihr dieses Gefühl von irgendwoher seltsam bekannt vor.

Endlich fand Joanna eine freie Stelle, parkte ihren Wagen und eilte mit dem Smartphone am Ohr weiter.

„Ich bin gleich da!"

Doch bald hatte sie sich vor Aufregung in dem Labyrinth der Gassen verlaufen und wusste nicht mehr, in welche Richtung sie laufen musste.

Sheilas Stimme klang mittlerweile sehr erschöpft. „Ich habe ein Handy-Signal. Offenbar bin ich nicht allzu weit unter der Erdoberfläche."

Ihre Stimme verlor sich. Joanna griff das Smartphone fester. „Halt noch etwas durch!"

„Bitte ... beeil dich, Joanna."

Joanna spürte Tränen in ihren Augen. „Joanie."

„Was?"

„Gute Freunde nennen mich Joanie."

Plötzlich herrschte Stille am anderen Ende der Leitung, Joanna wurde kalt. „Sheila? Sheila!"

Die Glocke der nahen Kirche schlug plötzlich an und schnitt in die Stille. „Hörst du das?!"

„Was?"

Joanna fiel ein Stein vom Herzen, als sie wieder Sheilas Stimme hörte. „Die Glocken!"

Für einen Augenblick vernahm sie geschäftiges Rumpeln am anderen Ende der Leitung, dann wieder Stille, während die Glocken weiter läuteten.

„Ja", sagte Sheila. „Nur ganz leise, aber ja."

„Also bist du in der Nähe."

„Die Erde dämpft aber den Klang."

„Ja, aber du kannst ihn hören. Also *musst* du in der Nähe sein."

Joanna eilte weiter, folgte dem Klang der Glocken und bog in eine Nebenstraße, in der sich die Kirche befand, deren Turm sie bei ihrer Anfahrt gesehen hatte. Gut, jetzt musste sie nur noch die Gegend absuchen. Sie erkundete rasch die nähere Umgebung. Ein Großteil war mit Wohnhäusern bebaut, aber an einer Seite der Kirche befand sich ein leerer, breiter Erdstreifen, wo vorher wohl ein anderes Gebäude gestanden hatte, das aber offenbar abgerissen worden war. Die Erde war aufgewühlt, in der Nähe stand ein Bagger – eine Baustelle! Aber wie sollte sie Sheila selbst jetzt finden? Sie konnte hier überall sein.

Joanna war so in Gedanken, dass sie das Hupen eines weiteren Baggers erst bemerkte, als dieser knapp hinter ihr stand. Rasch wich sie zur Seite und machte ihm Platz.

„Hast du dich verlaufen, Süße?", rief der Fahrer ihr zu.

„Nein, ich bin hier richtig", entgegnete sie und fügte leise hinzu: „Hoffe ich jedenfalls."

„Was ist das?", sagte Sheila plötzlich. „Dieses seltsame Geräusch? Ein tiefes Rumpeln. Es wird immer lauter! Die Erde bebt! Es kommt mir vor, als würde es mich gleich zerquetschen!"

Joanna blickte dem Bagger nach, der weiter über die weiche Erde fuhr – der einzige Bagger, der sich gerade bewegte!

„Wird es lauter?"

„WAS?! Sprich lauter! Ich versteh dich nicht!" Plötzlich sagte Sheila: „Jetzt entfernt es sich wieder."

Der Bagger fuhr weiter. Joanna achtete auf den Bereich, an dem sich der Bagger befand, als Sheila sie nicht hören konnte. Neben der zurückbleibenden Spur des Baggers entdeckte sie einen Streifen, an dem der Boden etwas anders aussah. Sie eilte zu der Stelle und prüfte den Grund mit ihrer Stiefelspitze. Ja, die Erde war locker. *Das ist es!*

„Ich habe deine Position!"

„He, Kleine!"

Sie blickte auf. Ein vierschrötiger Arbeiter stapfte auf sie zu und baute sich vor ihr auf. „Was machst du hier? Verschwinde!"

Er griff nach ihrem Arm, um sie fortzubringen, doch sie wehrte seine Pranke mit einem raschen Schlag ab. „Pfoten weg!"

Der Mann glotzte sie überrascht und verunsichert zugleich an und rieb seine Hand.

„Hören Sie", begann Joanna. „Hier ist ...!"

Doch der Mann wandte sich bereits ab und brüllte seine Männer an: „Und wer von euch Pfeifen hat das Loch hier zugeschüttet?!"

„Das waren wir nicht!", rief ein anderer Arbeiter zurück. „Keine Ahnung, wer das gemacht hat!"

Der bullige Arbeiter scharrte mit der Schuhsohle über den weichen Grund. „So 'ne Schlamperei! Hat das jemand mit 'ner Schaufel gemacht? So hält das nie!"

„Sie müssen es sofort öffnen!", sagte Joanna rasch. „Hier ist jemand lebendig begraben worden!"

„Was?", fragte der Arbeiter erstaunt. „Ist das 'n Streich?"

Joanna reichte ihm das Smartphone, damit er mit Sheila sprechen konnte.

Tatsächlich waren ein paar Bauarbeiter bereit, ihr zu helfen und schon nach wenigen Minuten hoben sie eine schmale Holzkiste aus dem Erdreich. Als sie den Deckel aufstemmten, fuhr Sheila Holmes empor und schnappte wie eine Ertrinkende nach Luft. Ihr schwarzer Lockenschopf war schmutzig und noch wilder als sonst.

Erschöpft lehnte sie ihren Kopf an Joannas Kopf. Joanna achtete nicht auf den Schmutz und hielt sie fest. Sie war froh, dass ihre Freundin noch am Leben war.

„Schön dich zu sehen, Joanie", sagte Sheila mit einem dankbaren Lächeln.

Joanna lächelte erleichtert. „Du hast mir einen ganz schönen Schrecken eingejagt. Mit dir wird es echt nicht langweilig."

Sie bemerkte, dass Sheila zitterte und ihre Hände und ihr Gesicht einige Blutergüsse und Schrammen aufwiesen. Ihre rechte Hand war sogar notdürftig mit einem Stoffstreifen verbunden, den sie von ihrer schwarzen Bluse abgerissen hatte.

„Haben sie dir das angetan?", fragte Joanna.

Sheila rieb ihre Hände und Schultern, damit das Zittern nachließ. „Ich bin noch gut weggekommen. Manches stammt von ihnen, manches von meinem gescheiterten Versuch, mich selbst zu befreien."

Joannas Blick fiel auf einen Strick und einen groben, kleinen Sack – beides lag noch in der Kiste.

Sheila schien zu ahnen, was sie sich fragte. „Mein Glück, dass der Knoten der Fesseln nicht besonders gut war, dauerte aber trotzdem eine Weile, sie zu lösen. Auch haben sie versäumt, meine Stiefel zu filzen. Ich bewahre bei Ermittlungen immer mein Handy im Schaft meiner Stiefel auf. Wer prüft dort schon?"

Joanna war verblüfft, dass Sheila vergleichsweise gelassen wirkte. Sie selbst wäre während dieser Tortur sicher in Panik geraten und hinterher ein emotionales Wrack gewesen. Sheila hingegen erweckte fast den Eindruck, als wäre das nichts wirklich Neues für sie.

„Was bist du?", fragte einer der Arbeiter und riss die beiden Frauen aus ihren Gedanken. „So 'ne Art Profi-Hobby-Detektivin?"

Sheila grinste schief. „Amateur, aber das mit dem Hobby stimmt."

„Verdammt, hat man dich deshalb eingegraben?", fragte einer der Arbeiter.

„Ja, was sollte das?", sagte ein anderer Mann. „War das ein schlechter Scherz?"

„Oder Mobbing."

„Wenn das Mobbing war, ging das eindeutig zu weit!"

„Das ist kein Mobbing mehr, das ist kriminell!", sagte ein weiterer. „Wir sollten die Polizei rufen!"

Schon zückte jemand sein Handy, wählte eine Nummer und sprach mit der Polizei. „Sie kommen gleich."

Joanna merkte, dass sich Sheila anspannte und „Ist nicht nötig." murmelte.

„Natürlich", beharrte der Vorarbeiter und wirkte plötzlich viel freundlicher als vorhin. „Jemand hat dich eingegraben, Kleine. Das ist versuchter Mord."

„Ja, aber ich lebe noch."

„Trotzdem ist es strafbar. Das muss untersucht werden."

„Tja, danke, aber wir wollen Sie nicht von der Arbeit abhalten."

Der Vorarbeiter schien zu merken, dass es noch etwas zu tun gab, und rief: „Los, Leute! Zurück an die Arbeit!"

Die Männer gingen nur widerwillig, der Vorarbeiter blieb jedoch noch einen Augenblick. „Kommt ihr klar?"

„Ja, sicher", sagte Sheila rasch. „Lassen Sie die Spuren ruhig unverändert für die Polizei."

Nun kehrte auch der Vorarbeiter zur Baustelle zurück. Aber er und seine Männer blickten in den nächsten Minuten immer wieder zu den beiden jungen Frauen herüber, während Sheila ihrerseits die Bauarbeiter im Auge behielt.

Als diese sich schließlich wieder voll und ganz ihrer Arbeit widmeten, zog Sheila Joanna mit sich und flüsterte ihr zu: „Komm, verschwinden wir."

„Was? Wieso? Die Polizei ist doch gleich hier."

„Gerade deswegen."

„Das verstehe ich nicht."

„Ich will nicht die Fragen der Polizei beantworten müssen oder mit den Beamten zurück zum Campus fahren. Sie wirbeln nur unnötig Staub auf, oft, ohne etwas Nützliches zu erreichen. Glaub mir, ich hab da schon schlechte Erfahrungen gemacht."

Widerstrebend folgte Joanna ihrer Freundin. „Wenn man dich töten wollte, warum wurde es nicht direkt getan?"

„Weil sie mich wohl lieber leiden lassen wollten. Außerdem ist es schwerer, einen direkten Mord zu vertuschen. Man hinterlässt Blut und andere Spuren."

„Nicht sehr clever, dich hier zu begraben, wo man dich finden kann. Ich meine, wenn sie dich wirklich töten wollten."

Sheila setzte zu einer Antwort an, doch dann weiteten sich plötzlich ihre Augen. „Doch, sehr clever. Schnell, wir müssen zurück zum Wohnheim!"

Joanna lief voraus, um ihr den Weg zum Wagen zu zeigen. „Was? Wieso?"

Während sie zurückrannten und losbrausten, erklärte Sheila hastig: „Meine Entführung ist der Schlüssel: Wenn du mich nicht gefunden hättest und ich draufgegangen wäre, wäre das für sie natürlich perfekt gewesen. Aber auch, wenn du mich findest, hätten sie dennoch bekommen, was sie wollten. Verdammt, sie hätten es in *jedem Fall* bekommen!"

„Was meinst du?"

„Sie wollten nur von ihrem wahren Vorhaben ablenken. Sie wollten, dass wir *nicht* im Wohnheim sind."

„Okay, jetzt erklär mir endlich mal, wie du überhaupt in diese Lage geraten bist!"

„Also, ich hatte heute früh wegen dem Spinnenzirkel ermittelt, und – "

Joanna unterbrach sie und Verärgerung stahl sich in ihre Stimme: „Ich glaub's nicht! Du hast mir doch versprochen, dass du der Sache nicht weiter nachgehen willst! Du hast selbst gesagt, sie seien gefährlich!"

„Ja, aber es war sehr interessant! Ich wurde Zeuge eines ihrer Rituale: Neuanwärter mussten ihren Kommilitonen Gegenstände klauen, ohne dass diese etwas mitbekamen. Kommt dir das bekannt vor?"

„Ja." Joanna erstarrte und musste wieder an ihren ersten Tag an der Universität denken. Es kam ihr vor, als ob dieser bereits viel länger zurücklag, als es tatsächlich der Fall war. Damals war kurz nach ihrer Ankunft ihr Smartphone von einem geheimnisvollen Dieb entwendet worden. Mit Sheilas Hilfe konnte sie zwar das Smartphone ausfindig machen, allerdings war dieses nicht mehr im Besitz des tatsächlichen Diebes, wie Sheila mit ihrer Gabe herausgefunden hatte. Vielmehr hatte der Dieb es anscheinend einer gänzlich harmlosen Person untergeschoben, um von sich abzulenken und für Unruhe zu sorgen.

„Sicher lief das damals auch so ab", fuhr Sheila fort. „Wahrscheinlich stammt der Dieb deines Smartphones aus diesem Kreis. Ich hatte die Gruppe unterwandert und bei ihrem Treffen die Identität eines ihrer Mitglieder angenommen, welches ich zuvor abgefangen und mit Chloroform betäubt hatte. Meine perfekte Verkleidung flog aber seltsamerweise auf. Irgendwer hatte mich durchschaut und entlarvt."

„Wer?"

„Keine Ahnung. Alle trugen Masken, ich natürlich auch. Vermutlich war jemand unter ihnen, der über eine ähnliche Kombinationsgabe wie ich verfügt, nur so wäre es möglich, mich zu erkennen."

„Was ist dann passiert?"

„Oh, sie waren nicht gerade erfreut, mich zu sehen, und haben mich über das Gelände gejagt. Sie haben mich schließlich beim Haupteingang eingeholt und verprügelt."

„Ich dachte, du wärst gut im Ermitteln!"

Sheila schnaubte. „Irgendwas geht immer schief. Aber ich hatte ihnen nichts geschenkt."

Als sie wenige Minuten später das Wohnheim erreichten und in ihr Zimmer stürmten, fanden sie die Tür aufgebrochen und den Raum vollkommen verwüstet wieder. Sofort ging Sheila zu ihrem Bett, das ein Stück zur Seite gerückt war, und schaute drunter, dann warf sie einen Blick in ihren Kleiderschrank, dessen Inhalt teilweise rausgerissen war. Anscheinend hatte sie zuvor auch dort noch etwas deponiert.

„Wie vermutet", sagte sie bitter und trat einen umgeworfenen Papierkorb quer durch den Raum. „Die Beweise sind fort! Monatelange Arbeit, einfach entwendet!"

Sie blickte sich nochmal um und seufzte resigniert. „Wenigstens haben sie meine Kippen hier gelassen."

Sheila warf sich in ihren Sessel, zündete sich hastig eine Zigarette an und starrte zügig paffend aus dem Fenster. Joanna trat an ihre Seite und blickte ebenfalls hinaus. Der Himmel hatte sich mit dunkelgrauen Wolken zugezogen und es würde wahrscheinlich jeden Moment anfangen zu regnen. Aus dem Ausflug mit Jenny und Co. würde wohl nichts werden. Andererseits stand ihr im Augenblick auch nicht der Sinn nach der unbeschwerten Gesellschaft der anderen Studenten, wenn in ihrer Mitte solch schreckliche Taten wie die Entführung und der versuchte Mord an einer Kommilitonin vorgingen. Und sie wollte nun viel lieber bei Sheila bleiben.

„Immerhin zeigt das alles, dass ich auf dem richtigen Weg bin und jemanden nervös mache", sagte diese zwischen zwei Zügen. Ihr Gesicht wurde nachdenklich. „Ich hatte einer der ‚Spinnen' einen Kopfstoß verpasst. Es war eine Frau. Ich bekam etwas von ihrem markanten Parfum mit."

Joanna kam ein Verdacht. „Was für ein Parfum hat die Frau getragen?"

„Ein frisch-fruchtiger Duft, wie Rosen."

Jenny trägt ein solches Parfum, dachte Joanna und fragte nun: „Wo hast du die Frau erwischt?"

„An der linken Kopfseite, wieso?"

Joanna wurde kalt. *Wie Jennys überschminkte Verletzung.*

„Warum willst du das alles wissen?", fragte Sheila und sah sie eindringlich an. „Du weißt doch etwas. Bitte sag es mir."

Joanna traute sich kaum, ihre Gedanken auszusprechen. Aber sie wusste, sie musste es tun. „Jenny hat ein Hämatom ... am linken Auge", sagte sie mit einem schlechten Gefühl. „Sie sagte, sie hätte sich nur den Kopf an einer Schranktür gestoßen."

„Ein Hämatom kann nicht durch einen einfachen Kopfstoß entstehen, nur durch einen stärkeren. Oder durch einen festen Schlag ins Gesicht. Warum hast du wegen dem Parfum gefragt?"

„Weil ... Jenny auch ein solches Parfum trägt."

Sheila runzelte die Stirn. „Wann und wo hast du Jenny heute gesehen?"

„Vorhin, als ich aufbrach, vor unserem Zimmer."

„Kommt dir das nicht seltsam vor?"

„Eigentlich nicht, wir sind befreundet."

„Ich meine, was machte sie da? Wart ihr verabredet?"

„Nein. Sie lief nur vorbei."

„Oder auch nicht." Sheila hob die Augenbrauen.

„Und wenn es nur ein Zufall ist?"

„So viele Zufälle gibt es für gewöhnlich nicht, Joanie. Das Parfum, das Hämatom, außerdem hielt sie sich – wie du sagst – in der Nähe unseres Zimmers auf, als du es verlassen hast. Sie *wusste* also, dass wir zu einem bestimmten Zeitpunkt beide nicht da waren. Das passt alles zusammen und kann nur eines bedeuten: Jenny Moriarty, die Vorzeigetochter des Professors, gehört zum Spinnenzirkel. So ein durchtriebenes Biest!"

Joanna fühlte sich elend. Aber Sheila hatte Recht: zu viel sprach gegen Jenny. Und schon mit der Untreue ihres Freundes hatte Sheila Recht gehabt, auch wenn Joanna das zuerst nicht hatte wahrhaben wollen. Die Vorstellung, dass eine ihre Freundinnen an einem Verbrechen beteiligt war und eine andere Freundin dadurch beinahe gestorben wäre, war unerträglich für sie. Wie sollte sie damit umgehen?

Denn diese Erkenntnis änderte alles und ließ Jenny in einem ganz anderen Licht erscheinen. Und wer wusste schon, wer aus Jennys Freundeskreis noch in diese Sache verwickelt und im Spinnenzirkel aktiv war?

Sheila zündete sich bereits die nächste Zigarette an

der ersten an und paffte rasch weiter. „Tut mir leid, dass ich schon wieder jemanden, der dir etwas bedeutet, entlarve. Aber du siehst, wozu diese Leute fähig sind. Und sie werden nicht aufhören. Man muss sie aufhalten. Du willst Medizin studieren, weil du Menschen helfen hilfst. Das ist gut. Aber du kannst ihnen auch auf eine andere Weise helfen. Du bist klug und engagiert und zu mehr fähig, als du glaubst. Schließ dich mir an und hilf mir, diese Leute aufzuspüren und ihrer gerechten Strafe zuzuführen. Ich will dir aber nichts vormachen, Joanie: Es wird nicht einfach werden, es wird Rückschläge geben, man wird dich bedrohen, man wird das Leben deiner Freunde bedrohen, wahrscheinlich wird sogar der eine oder andere Unschuldige mit hineingezogen … vielleicht sogar getötet. Aber es ist notwendig, das alles zu ertragen, um größeres Übel zu verhindern. Hilfst du mir trotzdem?"

Joanna blickte ihre Freundin zweifelnd an und wandte sich dann ab, starrte aus dem Fenster. Sie konnte nicht glauben, dass Sheila nach allem, was ihr widerfahren war, wirklich noch weitermachen wollte. Aber diese schaute sie mit einer Selbstverständlichkeit in ihren blaugrauen Augen an, die keinen Zweifel an ihrer Entschlossenheit aufkommen ließen. Joanna selbst war sich ihrer Sache alles andere als sicher. Konnten sie wirklich etwas ausrichten? Sollte sie sich wirklich darauf einlassen? *Wollte* sie das? Aber etwas *musste* unternommen werden, das stand fest. Und sie wollte gerne dabei helfen, das Problem zu lösen.

Schließlich wandte sie sich wieder ihrer Mitbewohnerin zu. „Gut, ich bin dabei."

In Sheilas noch immer schmutzigem Gesicht zeichnete sich ein breites Lächeln ab. „Das Spiel hat begonnen."

SPUREN, DIE SICH VERLIEREN!
VON FRED NIKLAS

Alfred Schilz

Frank hatte den Auftrag von seinem Lokalredakteur bekommen, sich über die Kaufgewohnheiten finanziell gut gestellter Menschen einen umfangreichen Eindruck zu verschaffen. Nach Ablauf einer bestimmten Frist solle er einen zusammenfassenden Bericht abliefern. Aber wo beginnen? Da gab es dutzendweise Geschäfte, in denen jeder das finden konnte, was er suchte, und ob und wie viele „Bessergestellte" darunter waren, war wohl schwer feststellbar. Also musste wenigstens ein Geschäft her, welches aufgrund seiner Angebote auf zahlungskräftigere Kunden schließen ließ.

„Ferguson Fashion" war wohl ein solcher Laden, auffällig allein schon wegen seines Äußeren. Ein Haus aus der Gründerzeit, imposante Fassade, hohe Fenster und im Parterre zwei große Schaufenster und ein Portal. Alles aufeinander abgestimmt und der Firmenname und das Logo dezent angebracht. In den Schaufenstern spärliche Dekoration. Alles, was das Herz der „Dame von Welt" höher schlagen ließ, war zwar zur Schau gestellt, allerdings nur eben angedeutet, neugierig machend und vor allem ohne jeden Hinweis auf den jeweiligen Preis. Frank war schon öfter an diesen Fenstern vorbeigegangen, hatte aber nie weiter über den Sinn und Zweck solcher Geschäfte nachgedacht.

Heute, nachdem er erfahren hatte, was von ihm erwartet wurde, fielen ihm der Name und das Aussehen dieses Geschäfts ein, er griff zum Branchen-Telefonbuch, meldete sich als Journalist der Lokalzeitung, nannte sein Anliegen und wie erhofft, bekam er einen Termin als stiller Beobachter. Er musste sich allerdings verpflichten, die Persönlichkeitsrechte zu wahren, die Namen der Kunden nicht zu nennen und vor allem der Firma „Ferguson Fashion" keinen Imageschaden zuzufügen. Dem konnte Frank guten Gewissens zustimmen.

Am vereinbarten Termin traf er bereits um zehn Uhr morgens im Laden ein, die beiden Angestellten empfingen ihn freundlich und eine von ihnen erklärte ihm ausführlich die „Philosophie" der Firma, die mit ihren Angeboten ein Gegenstück zu den bekannten Häusern aus Frankreich und Großbritannien bilden wolle. Man habe in Deutschland bereits mehr als zehn Filialen und es würden von Jahr zu Jahr mehr! Dann servierte man ihm einen köstlichen Kaffee, wobei betont wurde, dass man nur beim angesagten ägyptischen Röster den Kaffee beziehen dürfe, das dazu servierte Gebäck würde wöchentlich aus den USA geliefert. Die Inneneinrichtung sowie die Gestaltung der Auslagen seien von der Konzernleitung ganz genau vorgegeben und sogar das Äußere der Angestellten, also Kleidung, Make up und Frisuren, würden detailliert vorgeschrieben. Über die Bezahlung dürften sie mit niemandem sprechen!

So eingeweiht in das, was er über die Firma wissen sollte, wartete er auf die erste Kundin. Er überflog noch einmal sein Manuskript, markierte die eine oder andere

Frage, war ein wenig aufgeregt, weil es ja sein erster „Außenauftrag" war und den wollte er gut hinter sich bringen!

Ein Wagen hielt auf dem Bürgersteig, eine zierliche ältere Frau stieg aus und die beiden Frauen aus dem Geschäft eilten auf die Frau zu, hakten sich bei ihr rechts und links unter und führten sie in eine Besucherecke, die Frank bis jetzt noch nicht gesehen hatte. Dort war, wie im ganzen Raum, alles in Weiß und Blau gehalten: Die Regale sahen gegen den marineblauen Fußboden und die Wände noch „weißer" aus und die einzelnen Schuhe, die wenigen Handtaschen und die Etuis mit dem Modeschmuck kamen hervorstechend zur Geltung. Die im Raum verteilten Figuren, bekleidet mit allem, was die Mode so hergab, ließen das Ganze auf eine besondere Weise erscheinen. Frank fiel außer den Begriffen „teuer" und „leblos" nichts zu dieser Gesamtinszenierung ein, aber seine Sicht der Dinge war ja nicht gefragt.

Nachdem die Kundin rundum betreut, der Kaffee serviert, die drei üblichen Zimtröllchen gereicht und das Glas Sekt für den Kreislauf ausgeschenkt worden waren, winkte man Frank herbei. Man stellte ihn der Kundin vor, klärte diese über Franks Aufgabe auf und versicherte ihr, dass über alles, was ab sofort gesagt oder getan werde, absolute Diskretion vereinbart sei! Die Kundin nickte zustimmend und wandte sich an Frank mit der Frage, was er denn von ihr wissen wolle? Er antwortete, dass er berufsbedingt neugierig darauf sei, was sie kaufe, ob sie es „brauche" oder ob es nur zum wöchentlichen Ritual gehöre, irgend etwas „zu kaufen"? Sie antwortete, dass sie zwar wohlhabend sei, jedoch niemals verschwenderisch, dass sie nichts kaufe, was ihr nicht fehle, und dass sie sehr viel von guter Beratung und Bedienung halte, die sie nirgendwo anders in der Stadt so bekomme wie hier in diesem Hause! Frank notierte sich diese Sätze und sah dann, dass die Angestellten mit einer Anzahl von Schuhkartons hantierten. Nach etwa einer Stunde hatte die Kundin dann ihre Wahl getroffen und Frank fragte mit leiser Stimme, was denn diese Sommersandalen, für die sie sich entschieden hätte, kosten würden. Er erfuhr, dass der Preis von 500.- Euro nicht zu hoch sei, denn es käme ihr auf die Qualität an, und auch das Abendtäschchen, so ganz nebenbei erstanden, wäre mit weniger als 300.- Euro nicht überbezahlt.

Nachdem das Ganze mit der „Goldenen" bezahlt und das Glas Sekt – auf den Weg – ausgetrunken worden war, wollte eine der Angestellten den Wagen der Kundin herbeirufen. Diese winkte ab, denn sie wolle ein paar Schritte laufen. Im Übrigen müsse sie noch in ihrer Lieblingsboutique vorbeisehen und bei ihrem Weinhändler sei sie auch „Ewigkeiten" nicht mehr gewesen. Bussi rechts und links und Begleitung bis vor die Türe und danke und was sonst noch alles und sie war weg, ein wenig schwankend zwar, aber zu Fuß! Frank hatte sich vorgenommen, ihr heimlich zu folgen. Er hatte keine Mühe, denn sie blieb schon nach hundert Metern etwas keuchend stehen, betrachtete die Auslage eines Ladens und Frank sah am Kiosk nach, was es denn heute Neues in den Tageszeitungen gab. Er blickte um sich und sah die Frau nicht mehr. Sie war ihm „entkommen"!

Einen Weinhandel gab es hier gleich um die Ecke. Da warf er einen Blick hinein, aber es war, außer einem jungen Mann hinter einer Theke, niemand im Raum. Eine Boutique war nirgends zu sehen, und blitzartig kam ihm der Gedanke, doch im nahen Stadtpark nachzusehen, denn dort standen jede Menge Bänke. Die Kundin, deren Name er ja verheimlichen musste, wollte sich bestimmt ausruhen und da war doch der nahe Park die Gelegenheit. Nachdem er fast alle Ecken und Hecken erfolglos abgeklappert hatte, sah er in einer Ecke eine Gestalt auf einer Bank liegen. Es war Frau XY, die Kundin. Sie schien zu schlafen, hatte aber ihre Tasche mit dem wertvollen Inhalt sehr sorglos vor die Bank auf den Boden abgestellt. Er trat näher, um einen Blick in die Tasche zu werfen, und stellte fest, dass diese leer war. Man hatte die schlafende Frau bestohlen. Er rief zuerst ganz leise ihren Namen und als keine Reaktion erfolgte, fasste er sie sanft am Arm und rüttelte sie, um in demselben Moment festzustellen, dass ein toter Mensch vor ihm auf der Bank lag. Dann, als er den ersten Schock überwunden hatte, rief er mit dem Handy den Rettungsdienst an. Man stellte Herzversagen fest, rief einen Bestatter und Frank lief zurück zu „Ferguson Fashion", um die beiden Frauen in Kenntnis zu setzen. Die Betroffenheit und Trauer war entsprechend, aber man vergaß nicht, nach dem Verbleib der eben gekauften Gegenstände zu fragen.

Frank hatte nur eine leere Tasche mit dem Firmenlogo gesehen.

In einer stillen Stunde spät am Abend kamen ihm dann die Gedanken an die tote Frau wieder richtig ins Bewusstsein. Alles Geld dieser Frau konnte sie nicht vor dem Tod bewahren. In ihrem ganzen Leben standen ihr sicher alle Türen offen, alle Mittel zur Verfügung und es war kein Gedanke an die Vergänglichkeit des Lebens zugelassen.

Was blieb, war eine Spur, die sich im Laufe der Zeit gänzlich verlor!

Nichts geht verloren.
Buchstaben werden aufgeschrieben,
in Stein gemeißelt ...
Nur Zeit vergeht.

Anita Koschorrek-Müller

DIE ALTE SCHULE

Heike Siemann

Es ist Samstagnachmittag. Eigentlich ist heute kein Unterricht in der alten Musikschule, lediglich ein Wochenendseminar findet statt. Daher ist die Eingangstür noch nicht verschlossen. Und da alte oder verlassene Gebäude eine große Anziehungskraft auf mich ausüben, trete ich kurzentschlossen durch die Eingangstür ein und steige im Treppenhaus über die alte, knarrende Holztreppe hinauf bis ins Dachgeschoss. Unten im Flur höre ich lebhafte Stimmen. Es sind wohl die Teilnehmer des Seminars, die sich voneinander verabschieden und die Schule verlassen.

Und dann ist es still. Ich lausche. Nichts mehr zu hören. Nur die Geräusche der Außenwelt, sie klingen gedämpft. Ich stehe vor einer alten, graulackierten Tür, die mit einem kleinen Riegel und einem Vorhängeschloss versehen ist. Die Farbe ist stellenweise abgeblättert. Das Schloss ist nicht eingerastet, hängt lose im metallenen Bügel des Riegels. Ich lausche wieder. Draußen zwitschert ein Vogel. Es wird Frühling.

Ich nehme das Schloss aus dem Bügel, drücke die eiserne Klinke herunter und schiebe vorsichtig die Tür auf. Sie knarrt in ihren Angeln. Ein Geruch nach Staub schlägt mir entgegen. Fahles Sonnenlicht erhellt einen Flur. Ich trete ein. Die Holzdielen unter meinen Füßen knacken. Ich schaue genauer hin, ob ich morsche Stellen erkennen kann, die unter meinem Gewicht einbrechen könnten. Dabei bemerke ich ein wirres Durcheinander von großen und kleinen Trittspuren in der dicken Staubschicht auf dem Holzboden.

Große Abdrücke einer Profilsohle, von einem Erwachsenen, mitten im Flur. Ein Handwerker, der die gröbsten Schäden am Verputz der Wände beseitigen wollte? Der zierliche Abdruck eines Frauenschuhs. Eine Lehrerin auf dem Weg ins Klassenzimmer? Quer durch den Flur zahlreiche kleine Fußstapfen. Kinder, die vor dem Unterricht noch Fangen spielen? Dazwischen jetzt meine eigenen Trittsiegel, die deutlicher sind als die anderen.

Ein Geräusch links von mir, vom Fenster her. Ein Schmetterling, der versucht, die von Schmutz blinde Scheibe zu durchdringen auf der Suche nach Freiheit. Auf der Fensterbank liegt eine tote Wespe.

Ich gehe durch die nächste Tür und stehe in einem alten Klassenzimmer. Auch hier ist alles von einer Staubschicht bedeckt. Ein paar hölzerne Schultische, die ohne ersichtliche Ordnung im Raum stehen. Kleine Stühle, unter die Tische geschoben, andere sind umgefallen. Die Türen eines Wandschrankes stehen offen. Im Schrank ein paar Notenblätter, lieblos hineingelegt, verstaubt. Durch den Luftzug, den mein Eintreten verursacht, flattert eines zu Boden. „Im Märzen der Bauer ..." An der alten Tafel stehen mit weißer Kreide aufgezeichnete Noten, die Reste eines Liedes, das ich allerdings nicht kenne. Übermalt von kindlichen Kritzeleien. Ich versuche, mir vorzustellen, wie hier die Kinder vor Eintreffen des Lehrers herumgetobt sind, sich hänselnd, lebhaft kreischend. Ich versuche, die Kinder zu hören. Nein, da ist nur das beharrliche Flattern des Schmetterlings an der Scheibe.

Mein Blick fällt auf den Tisch neben mir. Mit den Fingerspitzen streiche ich zart über die Tischplatte. Unter der feinen Staubschicht entdecke ich in das Holz eingeritzte Namen und Zeichen, in kindlicher Schrift, Herzen mit Initialen, die Skizze eines Hundes, ein paar ungleich große Tintenflecken, grobe Kerben, ein Strichmännchen, dem ein Bein fehlt, eine Sonne, und dann sehe ich es: ein paar gerade Linien, etwas ungelenk wirkend, unfertig, aber man kann es doch erkennen – ein Hakenkreuz. Obwohl es warm ist hier im Dachgeschoss, spüre ich eine undefinierbare Kälte.

Auf meine Vorstellung von einer fröhlichen und unbedarften Kindheit, angefüllt mit dem unbeschwerten Lachen, dem Singen von Liedern und dem Musizieren auf Gitarren und Geigen, fällt ein hässlicher Schatten. Es ist nur ein in das Holz geritztes Zeichen, aber hier führt die Spur des Bösen aus der Vergangenheit direkt in die Mitte der Menschen der heutigen Tage.

SYMPHONIE

Sabine Moritz

Wehmut
– eine alte Katze schleppte sich durch den Nebel, der noch von der Nacht übrig geblieben durch den Morgen waberte. Ihr Fell, weiß wie die dampfende Luft, war mit Sprenkeln übersät, die an Schokostreusel erinnerten. Das lichte Fell wärmte nicht mehr und seit diesem Morgen war sie obdachlos, mied aber die Menschen. Sie fühlte sich schuldig und wie eine Verräterin. Noch immer konnte sie nicht fassen, was sie getan hatte, aber es musste sein. In den letzten Monaten war sie die alleinige Zeugin dessen, was ein Einzelner an bestialischen Verbrechen, was ein Mann menschenverachtend mehreren Frauen angetan hatte.

Die menschlichen Ermittler konnten die Morde nicht aufklären, und sie war nicht in der Lage gewesen, ihren Menschen auszuliefern. An diesem Tag aber hatte sie ihn selbst aufgehalten.

Er war wie so oft schon blutverschmiert aus der Nacht heimgekommen. Das Rasiermesser, das er versteckt im Ärmel mit sich führte, legte er achtlos aber geöffnet auf dem Tisch ab, um sich die Hände zu waschen. Wie immer versuchte er dann Symphonie von ihrer Bettelei nach Streicheleinheiten, bei der sie sich eng an seine Hose drückte, abzuhalten. Doch dieses Mal schmiegte sie sich so an, schlängelte sich so um und zwischen seine Beine, dass er beim Versuch, nicht auf sie zu treten, das Gleichgewicht verlor. Er stolperte, schlug mit dem Kopf hart auf die Tischkante und fiel bewusstlos auf den Boden. Das Messer, vom Ruck am Tisch ins Schlingern gebracht, rutschte über die Kante. Blieb im Boden dicht neben dem Hals des Bewusstlosen zu liegen. Der Schnitt war zunächst kaum zu sehen, aber er war tief genug, um das Leben langsam aus dem Körper rinnen zu lassen.

Es dauerte sehr lange, doch sie blieb bei ihm sitzen, schnurrte und schmiegte ihr Köpfchen in seine Hand, bis es vorbei war.

Jack the Ripper war nicht mehr. Seine blutige Spur durch London war zu Ende. Er würde keinem mehr ein Leid zufügen, aber auch ihr nie wieder liebevoll über ihr Köpfchen streicheln, sie warm und sanft in den Arm nehmen.

Schicksal
– London White Chapel
Ich saß so klein geduckt, wie ich konnte, auf dem obersten Treppenabsatz, ganz in eine Ecke vom Hauseingang gedrückt. Hier pfiff nicht dieser kalte Wind, der den steten Regen dieser Tage vor sich hertrieb. Ich war völlig durchnässt, ein kleines Fellbündel, eigentlich schneeweiß, aber vom Regen und dem Schmutz der Straße mindestens ebenso grau wie das Licht des trüben Tages. Ich suchte in der Ecke Schutz und einige Bewohner des Hauses, die aus der Tür gekommen waren, hatten mich mitleidig angesehen, aber dann

trotzdem meinem Elend überlassen. Wenigstens nur dies, denn es gab auch jene, die mit Füßen nach mir traten. Ich konnte immer ausweichen, musste aber, um mich zu retten, erneut in den Regen flüchten. In unbedachten Momenten saß ich also in meiner Ecke und schnurrte vor mich hin, um mir selbst Mut zu machen, und träumte von einem warmen Platz, Futter und Frieden. Ich war so müde, hungrig und halb erfroren, dass ich mich fast schon aufgab. Mir wurde es gleichgültig einfach einzuschlafen und vielleicht nicht mehr aufzuwachen.

Aus diesem Dämmerzustand riss mich eine Berührung. Ich hatte nicht bemerkt, wie sich mir ein Mensch näherte, mich vorsichtig mit seiner ausgestreckten Hand berührte. Erschrocken fuhr ich zusammen, wollte flüchten, aber da hatte er mich mit beiden Händen schon ergriffen und angehoben. Sie waren wunderbar warm, ich spürte es sofort durch mein noch immer klammes Fell. Der Mensch sprach zu mir, aber noch verstand ich ihn nicht. Seine tiefe Stimme war sanft und beruhigend. Sie zog mich völlig in ihren Bann und noch ehe ich mich versah, hatte der Mensch seinen hochgeschlossenen Mantel geöffnet und mich zwischen Hemd und Mantel an seine Brust gedrückt. Mollig war es hier und sein Herzschlag war stark und ruhig. Rhythmus, Klang und Bewegung wie auch die Wärme, die mich plötzlich rundherum umgab, lullten mich ein, und wohin mich der Mensch mit hinnahm, war mir egal. Ich wollte nur ewig an diesem Ort geborgen bleiben. Es war auf jeden Fall besser als die Straßen von London im Winter 1881. Und so begann mein Leben bei Aaron Kosminski, einem jüdischen Einwanderer aus Polen.

Für mich wurde damals alles gut. In seinem kleinen Heim badete mich Aaron. Ich duldete es, weil er sich die Mühe machte und extra Wasser warm machte. Er musste dazu erst einen kleinen gusseisernen Ofen anheizen und einen Krug aus Porzellan mit Wasser vom Flur füllen gehen. Er hatte mich in seinen Mantel eingewickelt auf den einzigen Stuhl des Raumes abgelegt. Ich rührte mich nicht, bis er mich selbst auswickelte und mit dem Bad begann. Die Schüssel, über die er mich hielt, war nur mit wenig Wasser gefüllt und mit handgeschöpften Wasserschwallen reinigte er behutsam mein Fell. Mit viel Geduld entfernte er allen Schmutz der Straße, sprach dabei fortlaufend mit mir, so dass ich mich an seine Stimme gewöhnte und langsam nach und nach diesen Menschen immer besser verstand. Hinterher rubbelte er mich mit einem weichen Tuch trocken und wickelte mich dann erneut in eine kuschelige Decke. Ich hielt still und schlief rasch ein, denn alles, was Aaron für mich getan hatte, war mehr Fürsorge, als ich bisher in meinem Leben erfahren hatte. Irgendwann weckte er mich, indem er mich aus der Decke schälte und vor einen kleinen Teller mit Milch und etwas Hack setzte.

„Eigentlich wollte ich dich ‚Smog' nennen, weil du so grau wie der Londoner Nebel warst, aber jetzt strahlst du im schönsten Weiß und wenn du ein wenig aufgepäppelt bist, siehst du bestimmt edel aus. Ich denke, ich werde dich ‚Symphonie' rufen. Wie ein Musikstück, das vom Zusammenspiel vieler Instrumente lebt, bist du ein kleines Kunstwerk aus diesem seidigen, reinweißen Fell, deinen bernsteinfarbenen Augen und dem grazilen Körperbau. Du bist so klein, ein paar Gramm mehr werden dir sicher nicht schaden. Willkommen daheim, kleines Mädchen. Wie alt du wohl bist? Ich bin Aaron."

Ich blickte ihn tiefgründig mit meinen Augen, die ihm so gefielen, an; sah sein sanftes Lächeln und seine warmen, braunen Augen. Mit einem leisen Mau antwortete ich ihm und streifte dankbar an seinen Beinen entlang, bevor ich begann mit Genuss das leckere Mahl, das er mir hingestellt hatte, zu verzehren. Von da an war ich für ihn Symphonie und ich begrüßte ihn immer durch ein Anschmiegen an seine Beine. Mir ging es gut bei ihm. Ab und an streifte ich dennoch in den Straßen von London umher, brachte mich durch den Kontakt zu meinen Artgenossen immer auf den neuesten Stand, was so in der Stadt geschah. Mit Freude kehrte ich aber immer wieder nach Hause zurück. Wichtig war mir immer vor ihm daheim zu sein, um ihn begrüßen zu können. Wie ich das machte? Katzengeheimnis!

Ab und an litt mein Reinweiß und er schimpfte sanft mit mir. Dann säuberte er mich wie am ersten Tag und wenn ich anschließend auf seinem Schoß lag und unter seinen zärtlich krabbelnden Fingern schnurrend einschlief, war alles wieder gut. So verging eine glückliche Zeit. Aaron fand einen Job als Barbier und bald konnten wir in eine bessere und größere Bleibe umziehen. Wir verließen London East End und fanden eine Wohnung in White Chapel, nahe der Straße, wo er sich meiner angenommen hatte. Und hier begann es.

Auf meinen Streifzügen bekam ich Gerüchte zu hören, die ich nicht glauben konnte. Dann aber kam Aaron eines Tages nach Hause und roch nach Blut. Das war nicht so ungewöhnlich, weil er öfter auch beim Schlachter auf dem Heimweg vorbeiging und immer etwas Fleisch mitbrachte. An diesem Tag war es aber anders. Erst legte er sein Rasiermesser auf den Tisch. Es war blutig. Das allein war schon sehr verwunderlich. Sein kostbarster Besitz, ohne den er sein Handwerk nicht ausüben konnte, so befleckt und ungepflegt zu sehen. Aber auch seine Hände sahen nicht viel besser aus. Als er den Mantel abstreifte, sah ich, dass auch seine Ärmel und der Saum mit dunklen Flecken übersät waren, und es roch nach Menschenblut. Ich begrüßte ihn, wie ich es immer tat, aber er schob mich mit dem Bein zur Seite, trat zur Waschschüssel und reinigte lange seine Hände. Erst dann kraulte er wie gewohnt mein Fell. Aber der Geruch haftete noch immer an seinen Fingern und so entzog ich mich ihm und tat, als würde ich auf mein Fressen warten. Aaron schien es nicht bemerkt zu haben und ging zur abendlichen Routine über. Aber nichts war mehr so wie vorher. Etwas Fremdes war in unser Heim getreten. An Aaron haftete etwas Animalisches, das nicht sein durfte. Es verströmte einen Hauch von Verderben und Tod in diesem bisher so friedlichen und glücklichen Heim.

In der nächsten Zeit hörte ich genauer auf das Wispern und Tuscheln in der Gemeinde, auf die Berichte meiner Freunde. Hörte den Menschen zu, wenn sie laut aus ihren großen Blättern vorlasen und hielt mich auch in der Nähe von Polizisten auf. Von ihnen hoffte ich Genaueres zu dem erneuten Gräuel, das in Londons Straßen geschah, zu erfahren. Lange Zeit lebten wir unsere tägliche friedvolle Routine im Miteinander, bis Aaron eines Abends wegging und Stunden später ebenso besudelt wie an jenem ersten Tag sehr spät nach Hause kam. Es war nicht zu leugnen, dies konnte kein Besuch in der Schlachterei gewesen sein, jedenfalls nicht in einer solchen, in denen die Menschen ihr Fleisch kauften. Der Gestank nach Tod haftete an Aaron wie ein Pesthauch. Könnten die Menschen diesen Geruch wahrnehmen wie wir Katzen, Aaron hätte schon nach dem ersten Mal keinem Menschen mehr ein Leid zufügen können, denn er wäre rasch gefasst worden.

Aber was sollte ich nun tun? Der Geruch stieß mich ab. Aaron erschien mir wie das Häufchen Elend, das ich einst war. Mein geliebter Mensch besudelt vom Dreck der Londoner Straßen. Aber war Aaron noch mein Mensch? Aber ja, denn auch wenn der Hauch des Todes an ihm haftete, mir gegenüber war er wie immer fürsorglich, zärtlich. Er war ganz die Person, die mich einst bei sich aufnahm und aus dem kalten Winter zu sich in die warme Stube holte. Dennoch, wir Katzen lieben die Wahrheit über alles und haben einen sehr großen Gerechtigkeitssinn. Konnte ich also weiter bei ihm leben, ignorieren, was geschehen war, und zu allem schweigen? Aber was genau war geschehen? Ich hatte nur eine Ahnung, einen Verdacht. Ich beschloss also Aaron zu verfolgen. Wohin er auch in der nächsten Zeit ging, ich würde sein Schatten sein. Doch heute wünschte ich, ich hätte es nicht getan. Ich hätte mich in meiner kleinen heilen Welt vergraben sollen. Es wäre besser gewesen, in der Stube zu bleiben und nicht in die Gemeinde zu gehen. Aber die Zeit lässt sich nicht zurückdrehen. Aaron war tot. Mag es auch für die Menschen wie ein unglücklicher Zufall aussehen, ich kannte die Wahrheit. Wusste, wie sein Tod sich zugetragen hatte und wie viel Verschulden ich dabei trug. Ich war wieder allein. Der nächste Winter stand vor der Tür und wenn das Leben barmherzig war, würde er mein letzter werden.

ABSCHIED

Herbert Linne

Es war weit nach Mitternacht und es hatte aufgehört zu regnen, als er vor seiner Kneipe stand. Die Lichter der Straßenlaternen warfen gelbe Kegel auf den nassen Asphalt und ein Auto hatte seine Spuren in Form zweier Reifenmuster hinterlassen. Er zündete sich eine Zigarette an, drehte sich um und sah durch die Scheibe, wie die Bedienung die letzten gespülten Gläser zurück in das Regal hinter den Tresen stellte.

Das war lange Zeit sein Stammlokal. Sein Wohnzimmer mit zehn Plätzen am Tresen und drei Nischen, an denen etwa zwanzig Gäste Platz fanden. Dazu kamen drei Spielautomaten und im Sommer unzählige, ungebetene Fliegen.

Als er am späten Nachmittag in seine Kneipe gekommen war, waren nur drei Gäste da gewesen: zwei jüngere Männer, die mit ihrem Geld die Glücksspielautomaten fütterten, und Adam, den er seit einem halben Leben kannte. Adam war Stammgast, wie er es auch lange Zeit war. Früher waren sie immer nach Feierabend auf ein Bier hierher gekommen. Adam in seiner mit Farbe verschmierten Kleidung und er in seiner ölverschmierten Latzhose. Adam arbeitete als Maler und er war Automechaniker. Hier störte die Kleidung nicht, denn es gab keine Polster auf den Hockern und Stühlen. So wie sie waren früher viele Arbeiter hier in diese Kneipe gekommen. Aber die Zeiten hatten sich geändert. Heute kamen nur noch die, die übrig geblieben waren oder sich ihr Bier in Gesellschaft leisten konnten.

Er setzte sich neben Adam, gab ihm die Hand und fügte noch ein „und wie geht´s" hinzu.

„Und selbst? Hab dich hier schon einige Zeit nicht mehr gesehen."

Ja, Adam hatte Recht. Er war seit einem Jahr Rentner und das Geld reichte nicht aus, um regelmäßig außerhalb einen Kaffee oder ein Bier zu trinken. Aber er kam nicht dazu, Adam zu antworten, da Elfriede, die alle nur Elfie nannten, aus der Küche kam und ihn begrüßte. Ihr gehörte die Kneipe, seit er denken konnte. Sie musste jetzt schon siebzig sein. Elfie war früher auch ein Grund gewesen, hier ein Bier zu trinken. Lange blonde Haare, strahlende Augen und immer ein Lächeln für ihre Gäste. Auch er hatte damals Ambitionen gehabt, aber keiner der Gäste konnte bei ihr landen. Sie heiratete einen Architekten, der sich nach Trier verirrt hatte und sich selbständig gemacht hatte. Elfie hatte ihr Glück gefunden.

Er lud Adam und Elfie ein. Elfie trank wie immer einen Wein, er und Adam blieben beim Bier. Adam erzählte, dass er seit einer Woche krankgeschrieben sei, da er Probleme mit Knien und Rücken habe. Die Arbeit als Maler sei ihm einfach körperlich zu schwer geworden. Aber auch er würde in einem Jahr in Rente gehen.

Sie redeten wohl schon über eine Stunde, als die beiden jungen Männer ihr Geld verspielt hatten, die Getränke zahlten und die Kneipe verließen. Nun waren sie nur noch zu dritt. Von draußen muss das an das Bild Nighthawks von Edward Hopper erinnern, dachte er. Er liebte Kunst und hatte das Original während eines Urlaubs in den USA einmal in Chicago gesehen: wenige schweigsame Gäste in einem zu großen Lokal. Auch das ein Grund, warum ihm im Alter das Geld fehlte. Früher war ihm Trier zu klein gewesen, zu provinziell und er reiste sehr gerne.

Erst gegen acht Uhr abends kamen wieder Gäste. Elfie bat ihn und Adam vor dem Schichtwechsel um das Geld, da sie für den Abend eine Studentin eingestellt hatte, die dann bedienen würde. Die Kneipe füllte sich, aber Adam und er kannten die wenigsten Gäste. Oft waren es junge Männer, die sich hier auf ein Bier trafen, um anschließend in die nicht weit entfernte Diskothek zu gehen. Auch einige Spieler waren wieder an den Automaten. Ihn störten die Automaten, aber Elfie hatte ihm zuvor erklärt, dass ein Spieler maximal eine Stunde spielen konnte, bevor der Automat sich für kurze Zeit ausschaltete. Zum Schutz gedacht, um nicht alles Geld zu verspielen, wechselten viele Spieler einfach zum nächsten Automat oder spielten zeitgleich an zwei Automaten. Adam und er schauten dem Treiben schweigend zu und tranken ihr Bier. Gegen elf Uhr zahlte auch Adam, verabschiedete sich von ihm, nicht ohne zu erwähnen, dass er jeden Freitag hier sein würde. Er gab Adam die Hand, ohne zu antworten, denn er hasste Abschiede und wollte Adam nicht sagen, dass er schon kommende Woche umziehen würde, dass die Stadt für ihn mittlerweile zu teuer war und er aufs Land ziehen würde, wo die letzte Kneipe schon seit mehr als zehn Jahren geschlossen war.

DÄMMERUNG

Regina Stoffels

Ein blassgrauer, dünner Schleier spannt sich behutsam
vor den noch azurblauen Himmel.

Das Stimmengewirr der munteren Vogelschar verstummt;
die Grille beginnt ihr Lied.

Sanft streicht ein leiser Wind durch die Bäume,
liebkosend wiegt er die Blumen zum Schlaf.

Gleich einer Wolke steigt ein betörender Duft
von würzigem Heu über der Wiese auf.

Die kleine Maus huscht geschwind in ihr Loch;
winzige Mücken tanzen den Abendreigen.

Fernab auf der staubigen Straße
Motorengebrumm.

Der Schleier hat sich verdichtet.

Ganz plötzlich ist sie da, die Dämmerung.

KANUFAHRT AM LIMIT

Marita Lenz

Riesengroß tauchen plötzlich die Augen meines Vaters dicht vor meinem Gesicht auf. Jemand zerrt an meinen Beinen und schreit: „Ich bekomme ihn nicht frei!" – die Stimme meines Vaters, wie kann das sein? Die ganze Zeit will ich etwas sagen, bringe aber kein Wort heraus. Dann steht da auch noch meine Oma vor dem Kindergarten. „Was hast du mir heute mitgebracht?", frage ich sie. Meine Oma hat immer Süßigkeiten in ihrem Korb, wenn sie mich, zusammen mit dem Opa, freitags vom Kindergarten abholt.

Und meine Mutter liest mir jedes Jahr dieselbe Weihnachtsgeschichte von Hansi Schlumpfenberger vor. So ein Quatsch! Wieso fällt mir das gerade jetzt ein? Es ist so dunkel. Warum kann ich meine Augen nicht öffnen? Ich kann mich nicht bewegen! Fühlt es sich so an, wenn man tot ist?

„Ihr immer mit eurem Frankreich", moserte ich, als meine Eltern mir den Vorschlag machten, mich für die Sommerferien zur Jugendfreizeit in einem Camp an der Ardèche anzumelden. „Das wäre ideal", meinte meine Mutter euphorisch, „dann könnten wir dich während unserer *Tour de France* dort besuchen."

„Das würde mir gerade noch fehlen, wenn Mama

und Papa dort aufkreuzen, um nach ihrem Söhnchen zu sehen, nee danke", gab ich zurück und verdrehte die Augen. Mit vierzehn Jahren Besuch von den Eltern im Ferienlager – die anderen würden sich totlachen! Und außerdem: Frankreich interessierte mich genauso viel, als wenn in China ein Sack Reis umfällt, nämlich überhaupt nicht. Aus den Augenwinkeln bemerkte ich, wie mein Vater meiner Mutter zuzwinkerte.

Für mich war das Thema abgehakt.

Die Sommerferien kamen näher und es stellte sich heraus, dass fast alle meine Freunde an die Ardèche fuhren. Viel Bock hatte ich zwar nach wie vor nicht, aber allein zu Hause abhängen wollte ich auch nicht. Ferien mit den Eltern kamen für mich ohnehin nicht mehr in Frage, da würde ich glatt vor Langeweile eingehen. Also, was war die Alternative? Schließlich meldete ich mich doch zu besagter Jugendfreizeit an.

Auf der langen Fahrt nach Frankreich ging es im Bus hoch her. Wir übertrumpften uns gegenseitig mit dummem Geschwätz, hörten Musik und schütteten uns die Energie-Drinks rein, die wir zuvor rucksackweise in den Bus geschleppt hatten. An Schlafen war nicht zu denken. Gerädert krochen wir am nächsten Morgen aus dem Bus.

Das Camp befand sich direkt an der Ardèche. Im Schnellverfahren verfrachteten wir unsere Klamotten in die Zelte, sprangen in die Badehosen und rannten ins Wasser. War das herrlich nach der Busfahrt!

Die ersten Tage verbrachten wir mit Chillen, Fußballspielen und Streifzügen durch die Umgebung. Gar nicht mal so schlecht hier, dachte ich. Es gab auf jeden Fall Schlimmeres. Das klare Wasser, die Schluchten, die lockere Atmosphäre im Camp, das hatte was. Nur die sanitären Anlagen hätten sauberer sein können.

Abends ging es auf die „Piste", was man hier vielversprechend so nannte, zu Fuß in den Ort Cavaillon. Hier machten wir dann „unsere Tour de France" durch die Kneipen. Im Camp war Alkohol verboten, nun ja, für diejenigen, die noch keine achtzehn waren, außerhalb der Anlage natürlich auch. Doch das nahmen wir alles nicht so genau. Bald hatten wir jede Menge Kontakte geknüpft und tranken mit ein paar Typen aus dem Nachbarcamp um die Wette. Da ging die Post ab! Weit nach Mitternacht schlichen wir auf leisen Sohlen – wie wir meinten – in unsere Zelte zurück. Unser Ausflug war dennoch nicht unbemerkt geblieben. Am anderen Morgen mussten wir uns von den Betreuern eine Standpauke anhören, stand doch schon früh die geplante Ardèche-Kanufahrt auf dem Programm.

Von den Betreibern des Kanuverleihs waren wir auf die Tour, welche in der zweiten Ferienwoche stattfand, vorbereitet worden. Neben den grundsätzlichen Erläuterungen zum Kanufahren waren Übungen durchgeführt worden, wie man sich in einem Ernstfall, zum Beispiel beim Kentern des Kanus, zu verhalten hat. Wir hatten einen Heidenspaß bei den Ernstfall-Simulationen und tauchten immer wieder johlend aus dem Wasser auf. Mann, stellten sich einige blöd an! Die kapierten die einfachsten Sachen nicht. Nur gut, dass mein Kumpel Kai und ich ein Superteam waren, auf ihn konnte ich mich felsenfest verlassen. Wir würden das schon zusammen rocken.

Am frühen Morgen startete unsere Gruppe ihre Tour auf dem Fluss. Ziel war eine kleine Bucht, wo wir am Abend unser Lager aufschlagen, grillen und übernachten würden. „So eine Fahrt mit dem Kanu ist ja wirklich total easy", prahlte ich, als Kai und ich im Zweierkanu auf dem Fluss paddelten. Helme und Schwimmwesten waren Pflicht, was wir reichlich übertrieben fanden, denn an manchen Stellen war der Fluss regelrecht flach. Mit den anderen aus der Gruppe und den Betreuern lieferten wir uns sogar kleine Wettkämpfe und hatten alle einen Mordsspaß. Immer schneller ging es den Fluss hinunter und wir passierten die erste Stromschnelle. War das eine Gaudi, als wir regelrecht darüber ritten. Es herrschte eine ausgelassene Stimmung. Unser Kanu nahm immer schnellere Fahrt auf und wir steuerten auf die nächsten Stromschnellen zu. Wieder geschafft! Wir fühlten uns wie die Kings.

Doch was war das? Vor uns sahen wir, wie unsere Kumpels mit ihren Kanus regelrecht durch die Stromschnellen geschleudert wurden. Auch Kai und ich hatten größte Mühe, den Kurs zu halten. Oh Mann! Was hatte der Typ noch gesagt? Wohin mit den Paddeln? Wie abstoßen? Mist! Mein Kopf war wie leer gefegt.

Zusammen mit uns rauschten immer mehr Kanus auf eine Kehre zu, die sich unter einem Felsvorsprung befand. Die anderen bekamen ihre Kanus offenbar ebenfalls nicht in den Griff. Schließlich passierte es: Wir kippten um.

Normalerweise kein Drama. Man hatte uns beigebracht, dass sich das Kanu nach dem Kentern durch entsprechende Bewegungen der Paddler wieder aufrichtet. Aber hier ging gar nichts mehr!! Kopfüber hingen Kai und ich im Wasser.
Panisch und völlig unkoordiniert versuchten wir, durch heftige Bewegungen unser Kanu zum Umdrehen zu bewegen, um wieder an die Oberfläche zu gelangen. Nichts! Wir hingen fest! „Hier kommen wir nicht mehr raus", schoss es mir durch den Kopf, und ich spürte eine Angst, wie ich sie noch nie zuvor hatte – Todesangst! Doch dann ein kräftiger Ruck. Die anderen hatten unsere missliche Lage erfasst, zerrten die Kanus, zwischen denen wir eingekeilt waren, weg und halfen mit vereinten Kräften, dass sich unser Kanu umdrehte. Nach einer gefühlten Ewigkeit waren wir wieder mit den Köpfen oben und schnappten kräftig nach Luft. Kai und ich standen regelrecht unter Schock und auch den Betreuern war der Schreck deutlich anzusehen.

Später, auf dem Rastplatz, war unser Unfall DAS Thema und wir fühlten uns wie Helden. Die wahnsinnige Angst vom Vormittag hatten wir erst einmal erfolgreich verdrängt. Ausschmückend erzählten wir jedem, der uns danach fragte, wie der Crash am Nachmittag verlaufen war. Den Abend verbrachten wir am Lagerfeuer und einer der Betreuer spielte auf der Gitarre.

In der Nacht ging es dann los: „Wieso kriege ich keine Luft? Jemand drückt mich unter Wasser! Kai, wo bist du?" Schweißgebadet wachte ich auf und schaute mich um. Vor mir stand Ralf, einer der Betreuer. „Was ist los?", fragte er besorgt. Ich musste mich erst einmal orientieren: „Wo bin ich?" Jetzt war ich hellwach. Ich lag auf meiner Isomatte neben dem Feuer und hatte nur geträumt. Als Ralf in seinem Zelt verschwunden war, dauerte es noch ziemlich lange, bis ich wieder einschlafen konnte.

Am nächsten Morgen fühlte ich mich überhaupt nicht mehr wie ein King. Jetzt wieder in das Kanu steigen und die Weiterfahrt antreten? „Mir ist ganz flau im Magen. Wie fühlst Du Dich?", flüsterte ich Kai zu. „Beschissen", war die Antwort. „Jetzt wieder mit dem Kanu über den Fluss, das packe ich nicht".

Irgendwie brachten wir die Fahrt auf der Ardèche bis zum Sammelplatz hinter uns. Dort wurden wir von einem Fahrzeug mit Spezialanhänger abgeholt. Auf der Rückfahrt zum Camp sagte ich keinen Ton, auch Kai war ungewohnt schweigsam. Dort angekommen, dachte ich nur noch: „Ich will nach Hause, habe keinen Bock mehr auf das alles hier." Am Nachmittag versuchte ich, meine Eltern telefonisch zu erreichen. Glücklicherweise war mein Vater direkt am Apparat. „Wo seid ihr im Moment?", wollte ich wissen, und es stellte sich heraus, dass sie sich nur knapp neunzig Kilometer vom Ferienlager entfernt aufhielten. „Bitte kommt mich abholen, hier ist es absolut ätzend", jammerte ich. Was auf der Ardèche passiert war, erzählte ich lieber nicht am Telefon.

Meine Eltern holten mich schon am nächsten Morgen im Ferienlager ab und selten habe ich mich so gefreut, sie zu sehen. Wir verbrachten noch zwei gemeinsame Ferientage in Frankreich und dann ging es nach Hause. Auf der Rückfahrt bemerkte meine Mutter, dass ich ungewöhnlich still sei. Ich gähnte ausgiebig und gab als Grund eine gewisse Müdigkeit nach dem anstrengenden Lagerleben an.

Mittlerweile waren meine Freunde ebenfalls aus Frankreich zurück und alles ging seinen gewohnten Gang. Wir trafen uns in der Schule und zum Fußballspielen. Ab und zu war das Feriencamp noch Thema. Aber es gab etwas, das ich noch niemandem erzählt hatte: meine Alpträume. Fast jede Nacht plagten mich Panikattacken und dann bekam ich keine Luft mehr. Ich war klatschnass, überall war Wasser: unter mir, über mir, an den Seiten und ich konnte nichts sehen. Wenn ich richtig wach war, stellte ich erleichtert fest, dass ich nicht in der Ardèche, sondern zuhause in meinem Bett lag. „Das gibt sich wieder", dachte ich. – Irrtum! Es sollte noch schlimmer kommen.

Beim Fußballspiel gegen die Mannschaft aus dem Nachbarort stand ich im wahrste Sinne des Wortes im Abseits, das heißt, ich befand mich auf dem Fußballplatz, mitten im Spiel, starrte vor mich hin und wusste nicht, wo ich war.

„Tobi", hörte ich wie durch Watte meinen Namen, „was ist mit dir los?" Ich stand da, konnte nicht antworten und mich auch nicht bewegen. Der Trainer kam auf den Platz, legte mir den Arm um die Schultern und brachte mich vom Spielfeld.

Mein Vater, Zuschauer bei jedem meiner Spiele, kam angelaufen. Ich konnte mich nicht mehr auf den Beinen halten, musste mich setzen. „Du zitterst ja und bist total blass", stellte mein Vater besorgt fest. „Das Ganze ist mir nicht geheuer, wir fahren zum Arzt."

Unser Hausarzt fragte mich, ob ich diese „Aussetzer" öfter hätte. „Nun ja", räumte ich ein, „es ist schon einmal in der Pause und zweimal auf dem Heimweg von der Schule vorgekommen. Da wusste ich auch nicht, wo ich gerade war, und fühlte mich ganz komisch."

„Hmm, das ist wirklich seltsam", meinte Dr. Wille. „Ich überweise dich jetzt ins Krankenhaus, damit dort verschiedene Tests gemacht werden können".

Während meines zweitägigen Aufenthalts im Krankenhaus wurde ich vieles gefragt, unter anderem wollte der Arzt wissen, ob ich schon einmal etwas Schreckliches erlebt oder große Angst gehabt hätte. Daraufhin schilderte ich nicht nur das Erlebnis auf der Ardèche und die Todesangst, die mich befallen hatte, als ich dort kopfüber im Wasser hing, sondern ebenfalls die nächtlichen Panikattacken mit dem Gefühl, zu ersticken.

„Organisch ist nichts festzustellen", konstatierte der Arzt nach Auswertung der Untersuchungsergebnisse. „Ich vermute, du hast durch die Sache auf der Ardèche ein Trauma erlitten."

Da hatte ich wirklich Mist gebaut, als ich den Erklärungen des Typen vom Kanuverleih nicht richtig zuhörte. Das hätte ganz schön ins Auge gehen können! Aber es hatte seine Spuren bei mir hinterlassen, denn von größeren Wasseransammlungen hielt ich mich fortan fern.

GEDANKENSPUREN

Lisa Neunkirch

„Jetzt spurst du aber und machst, was deine Mutter sagt!", schimpfte meine Oma früher oftmals mit mir, wenn ich mal wieder aufsässig war.

Wenn ich so nachdenke, ich glaube, ich war noch nie gut im Spuren – im In-der-Spur-Gehen.

Ja, Spuren kommt von Spur, es bedeutet, auf das zu hören, was andere sagen. In ihrer Spur zu laufen, machen, was sie sagen, gehorchen eben. Das kann zu unserem Schutz sein, besonders in der Kindheit und Jugend, aber das begreift man oft erst später.

Auf einer bereits geprägten Spur loszugehen, einer vorgegebenen Richtung zu folgen scheint mitunter das Einfachste. Es kann eine erste Orientierung erleichtern oder Auslöser sein, überhaupt zu starten und sich auf einen vermeintlich bewährten Weg zu machen. Vielleicht eine Illusion von Sicherheit?

Als Wegbahner fürs ganze Leben scheinen mir solche vorgeprägten Spuren allerdings zu begrenzt und einengend. Es gibt so viele Straßen, Wege und Pfade in der Welt zu entdecken. Sie zu finden kann uns vor Herausforderungen stellen, die nicht immer leicht zu meistern, aber oft der Mühe wert sind. Wichtig ist doch, wo ich hin will, und wenn es dahin noch keine gespurten Wege gibt, kann ich neue erschaffen.

„Bleib in der Spur, tanz nicht aus der Reihe, pass dich lieber an", das ist nicht gerade mein Lebensmotto. Mal die Spur wechseln, abbiegen in eine neue Richtung, immer mal wieder Neuland erkunden, das ist eher meins. Ich bevorzuge selbstbestimmte Wege und hinterlasse gerne eigene Spuren und das nicht nur im frisch gefallenen Schnee oder bei Ebbe im Meeressand.

Menschen hinterlassen Eindrücke auf vielfältige Weise, außer mit ihren Füßen auch auf Papier und Leinwand. Besonders bedeutend sind die Spuren, die sie in anderen Menschen, ihren Kindern und in deren Seelen zurücklassen. Diese bleibenden Eindrücke können Kraft und innere Stärke geben oder rauben. Sie verursachen zuweilen sichtbare Verletzungen, nicht selten unsichtbare.

Spuren können auch Narben sein, entstanden im Laufe der persönlichen Entwicklung – stille Zeugen unserer inneren Reifung – unseres Wachstums. Ähnlich wie bei der Rinde eines Baumes, die sich immer wieder verändern und erneuern muss, damit der Baum wachsen und sich entfalten kann.

Besonders faszinierend sind kreative Spuren von Menschen, ihre Geschichten, ihre geschaffenen Werke – einzigartig wie ihre persönlichen Fingerabdrücke. Diese menschlichen Spuren, die dazu einladen, genauer hinzuschauen, hinzuhören und darüber nachzudenken, was sie uns mitteilen wollen. Spuren, die uns inspirieren, ihnen ein Stück weit in ihrer Betrachtungsweise und Aussage zu folgen. Sie können unsere persönliche Entfaltung anregen und unsere Kreativität fördern, wenn wir erlauben, dass sie uns berühren und wir sie spüren.

Noch lange werden Spuren unseres Seins und Wirkens existieren, wenn wir schon längst nicht mehr sind, denn Nichts und niemand existiert ohne Spuren.
Kein Dasein bleibt spurlos.

Gedanken gehen auf die Reise.
Sie tanzen durch Köpfe.
Buchstabenreigen werden zu Worten.
Geschichten entstehen – werden Geschichte.
Ihre Spuren führen in die Vergangenheit
– für die Ewigkeit.

Anita Koschorrek-Müller

Um *Spuren* geht es im vierten Band der Anthologie „Blickwinkel", um Spuren, die Erinnerungen in der menschlichen Seele hinterlassen, um Spuren im Schnee, der Verwitterung, um Gedankenspuren, darum, in der Spur zu gehen oder auch nicht zu spuren ...

Ich bedanke mich herzlich bei allen Autorinnen und Autoren dieses Buchs, die dazu beigetragen haben, Spuren zu legen. Allein durch ihre Kreativität und Ausdauer, ihr handwerkliches Können und gemeinsames Lektorat konnten die vielfältigen Beiträge entstehen.

Wie bereits für die ersten drei Bände der Reihe „Blickwinkel" hat Sabine Moritz auch für den vierten Band mit ihrer Sachkenntnis und großem Fleiß ein interessantes, ansprechendes Cover entworfen – herzlichen Dank dafür!

Christine Reiter

AutorInnen

Frank Andel

geboren 1984, aufgewachsen in Darmstadt, lebt seit 2009 in Trier, wo er in der Verwaltung einer Firma arbeitet. Inspiriert durch einen Film begann er als Jugendlicher mit dem Schreiben von Kurzgeschichten und eines Romanes, den er ein paar Jahre später fertigstellte, aber bisher nicht veröffentlichte. Er hat eine Vorliebe für fantastische Geschichten, die Unterhaltung mit Anspruch verbinden. Zurzeit arbeitet er an weiteren Erzählungen und einem Mystery-Roman. Bisherige Veröffentlichungen in der Reihe „Blickwinkel".

Anne Becker

hat Sprach- und Kommunikationswissenschaften studiert. Sie schreibt beruflich Werbe- und Blogtexte. Privat schreibt sie lieber über Schatzjäger, Hasen oder Drachentöter. Ihr bevorzugtes Genre ist Fantasy.

Jutta Fantes

Geboren 1958 in Trier, aufgewachsen in einem kleinen Dorf an der Obermosel. 1982 nach Romanistik- und Germanistikstudium (Trier) nach Luxemburg emigriert und hat dort als Beamtin im Internationalen Dienst gearbeitet.
Schreibübungen seit dem Grundschulalter (Gedichte,

Lieder), später Tagebuch und Briefe an erfundene Personen. Schreiben von Kurzgeschichten, Märchen und Prosagedichten seit circa 15 Jahren. Erste veröffentlichte Kurzgeschichte 2006 in der luxemburgischen Krimianthologie „D'Messer am Réck", später verschiedene Veröffentlichungen in der Reihe „Blickwinkel".

Anita Koschorrek-Müller

geboren 1954 in Recklinghausen, lebt heute in Trier. Nach ihrer Berufstätigkeit in der Rechnungsabteilung eines großen Unternehmens begann sie 2012 Geschichten über die Tücken des Alltäglichen zu schreiben, Mögliches und Unmögliches in Worte zu fassen. Ihre Texte, Kurzgeschichten und Erzählungen, wurden in mehreren Anthologien, Tageszeitungen und Internetforen veröffentlicht. Sie schreibt regelmäßig für eine Seniorenzeitung.

Marita Lenz

Jahrgang 1963 und „Bürokraft aus Leidenschaft". Schon als Kind wusste sie genau: Ich möchte Sekretärin werden – und wurde es auch. Heute ist sie in einem mittelständischen Unternehmen in Trier in der Verwaltung beschäftigt und außerdem „der Background" der Familienbetriebe Maler Lenz in Trier-Feyen und Jupps Farbenscheune in Konz-Obermennig.
In Kurzgeschichten und Gedichten hält sie Begeben-

heiten, Stimmungen und Momentaufnahmen aus der Natur fest. Im Zeitalter von Handy, E-Mail und WhatsApp schreibt sie auch im privaten Bereich noch regelmäßig Briefe. Wenn die Chemie stimmt, porträtiert sie gerne andere Menschen und bewahrt damit, was sonst vielleicht für alle Zeiten verloren wäre. Seit Herbst 2018 ist sie Teilnehmerin am AutorenForum Trier und erstmals mit Texten in Band 4 der Anthologie-Reihe „Blickwinkel" dabei.

Herbert Linne

1963 in Marburg an der Lahn geboren. Während des Maschinenbaustudiums war Belletristik eine angenehme Ablenkung von mathematisch-physikalischen Inhalten. Im anschließenden Pädagogikstudium waren es Biografien. Später arbeitete er ehrenamtlich bei der Kölner Straßenzeitung. Das Ergebnis waren Interviews, Reportagen und erste Kurzgeschichten. Seit 2017 nimmt er am AutorenForum Trier teil und schreibt u.a. Kurzgeschichten für die Reihe „Blickwinkel".

Elisabeth Minarski

1951 in Trier geboren und auch hier aufgewachsen. 3 erwachsene Kinder und 2 Enkelkinder. Nach einer ersten beruflichen Tätigkeit als Bibliothekarin hat sie ein Studium als Diplompädagogin abgeschlossen. Danach entschied sie sich aber, nicht in diesen Berufen zu arbeiten, sondern sich im Weinhandel selbstständig zu machen. Nachdem der Weinhandel 2014 in andere Hände übergegangen ist, hat sie wieder Zeit, sich ihren Interessen Philosophie, Germanistik und Kunstgeschichte in Form eines Gasthörerstudiums an der Universität Trier zu widmen. Seit 2019 nimmt sie an dem AutorenForum Trier teil.

Sabine Moritz

1963 geboren, erzählt sie erst seit 2005 in einer weiten Bandbreite nachdenklicher Geschichten vom Zeitgeschehen und in realistischen wie fantastischen Erzählungen von zwischenmenschlichen Begebenheiten. Ihre Geschichts- und Sachkenntnisse flossen in einem fiktiven Roman zum Kinofilm „Kingdom of Heaven" ein, der nur anhand eines Drehbuches entstand. Für diesen Roman zur verfilmten Geschichte aus der Zeit des 2. Kreuzzuges erhielt sie sehr gutes Feedback aus dem Internet. Damit war die Lust auf mehr gegeben und es folgten noch weitere Romane (online) sowie Erzählungen, veröffentlicht in der Anthologie-Reihe „Blickwinkel".

Lisa Neunkirch

geboren 1957 in Trier. Lange Zeit war sie hauptberuflich als Diplompädagogin in den Bereichen Beratung, Weiterbildung und Qualitätsmanagement tätig. Seit über zwanzig Jahren schreibt sie autobiographische

Texte, Gedichte und Geschichten. 2013 durch einen Schlaganfall aus der Bahn geworfen half das Schreiben ihr bei der Bewältigung dieses traumatischen Erlebnisses. Mit einem Gedichtband, in dem sie eigene Gedichte und Texte zusammenstellte, erfüllte sie sich einen langgehegten Wunsch. Die Freude über das fertige Produkt beflügelte sie darin, das Schreiben fortzuführen, es zu verbessern und sich mit anderen darüber auszutauschen.

Dr. Christine Reiter

studierte Sozialpädagogik, Germanistik, Französisch sowie Geschichte und promovierte mit einer literaturwissenschaftlichen Arbeit. Seit etlichen Jahren ist sie als Dozentin für Literatur an Einrichtungen der Erwachsenenbildung sowie als Deutschlehrerin für Fernschulen des Klett Verlags tätig. Zusätzlich arbeitet sie als freie Lektorin.
2012 gründete sie das CTM LeseKultur-Institut für sprachliche und literarische Bildung:

www.lese-kultur.com

Christine Reiter ist Herausgeberin der Anthologiereihe „Blickwinkel", in der sie Kurzprosa und Gedichte ihrer Seminarteilnehmer*innen sowie eigene Kurzgeschichten veröffentlicht.

Alfred Schilz

Es waren die meisterhaften Fabeln des großen französischen Dichters Jean de La Fontaine, die ihn immer wieder faszinierten und die ihn dazu bewogen, ebenfalls in Fabeln über das Verhältnis der Menschen zu Tieren im Allgemeinen und zu Haustieren im Besonderen zu schreiben. Alfred N. Schilz hofft, auf diese Weise den Menschen den Respekt vor Tieren zu erhalten. Seine bäuerliche Herkunft macht es ihm leicht, Tiere zu verstehen und ihre Verhaltensweisen zu deuten.

Unter dem Namen Fred Niklas begann er schon früh, kleine Begebenheiten festzuhalten, aber erst nach Beendigung seines Berufslebens und ermuntert durch verschiedene private Anlässe machte er das Schreiben zu seiner täglichen Beschäftigung. A.N. Schilz, Jahrgang 1933, lebt gemeinsam mit seiner Frau in der schönen Stadt Trier.

Dr. Heike Siemann

Jahrgang 1961, Studium der Geologie an der TU Clausthal, Promotion in Naturwissenschaften, zog 1988 aus dem Norden nach Trier an die Mosel und ist heute in der freien Wirtschaft tätig.

Als Gegenpol zum „sachlichen" Berufsalltag schreibt sie Kurzprosa und sammelt und bewahrt ihre Kindheitserinnerungen in autobiographischen Texten.

Regina Stoffels

1950 in Trier geboren. Hauptschullehrerin im Jugendhilfezentrum „Haus auf dem Wehrborn" in Aach, seit 2010 im Ruhestand.
Schreibt Kurzgeschichten, gerne skurril, und Kindheitserinnerungen aus den 50er Jahren. Der Text „meine Kindheit im Schatten von St. Antonius" wurde im „Neuen Trierischen Jahrbuch 2012" veröffentlicht. Im Juli 2019 erschien der erste Band „Der Schwur" der Trilogie „Mit Halali & Horrido auf Wollmäuse & Co" im Stephan Moll Verlag.

IN DER REIHE *BLICKWINKEL* SIND BEREITS ERSCHIENEN:

Wenn Licht bricht
Herausgeberin: Christine Reiter
Selfpublishing-Verlag MBook der Mayerschen Buchhandlung
1.Ausgabe 2016
2.erweiterte Auflage 2017
ISBN 9789463421591

Will man sehr feine Dinge sichtbar machen, so muss man sie färben, sagte einmal der französische Moralist Joseph Joubert. Farben stehen somit nicht nur für sich selbst, sondern auch für die vielfältigen Facetten des Lebens. In dem ersten Band der Reihe *Blickwinkel* haben Autorinnen und Autoren diese Farbvielfalt des Lebens gestaltet. Entstanden sind heitere und spannende, besinnliche, versöhnliche, aber auch kritische und fantastische Texte in Prosa und Lyrik. Literarische Texte, die das Leben in seiner bunten Vielfalt zeigen. Sie unterhalten, lassen in eine andere Welt eintauchen, regen zum Nachdenken an.

Auf den Ton gebracht
Herausgeberin: Christine Reiter
Selfpublishing-Verlag MBook der Mayerschen Buchhandlung
1.Ausgabe 2017
ISBN 9789463421584

Die Töne sind ein wunderbarer Atem der Dunkelheit, erklärte einst der deutsche Schriftsteller Clemens Brentano. In diesem Sinne haben die Autorinnen und Autoren des zweiten Bands der Reihe *Blickwinkel* einer Vielfalt von Tönen Lebensodem eingehaucht. Ob Töne in der Musik, menschliche und tierische Töne, ob innere Stimme, ob Flüstern oder aber lautstarkes Reden und Schreien, ob guter oder schlechter Ton – all diese unterschiedlichen Töne wurden literarisch gestaltet, wurden in heiteren und nachdenklichen, in kritischen und phantastischen Erzählungen, in Aphorismen und Gedichten – auf den Ton gebracht!

Von jenen, die finden
Herausgeberin: Christine Reiter
Selfpublishing-Verlag MBook der Mayerschen Buchhandlung
1.Ausgabe 2018
ISBN 9789463671965

„Was man sucht – es lässt sich finden, was man unbeachtet läßt – entflieht!, behauptetet Sophokles. Im dritten Band der Reihe Blickwinkel wird von Menschen erzählt, die ihr Glück suchen und oftmals auch finden. Menschen finden neue Freunde oder treffen wieder auf alte Freunde, finden Hoffnung, entdecken für sich selbst einen neuen Lebensweg. Ein Paar findet zusammen, ein ehemaliger Lebensretter wird aufgefunden. Von Menschen wird erzählt, die einem Geheimnis oder Verbrechen auf die Spur kommen. Manche werden erst fündig, nachdem sie aufgehört haben, zu suchen, andere haben nie gesucht und finden dennoch …Vielfältige Beiträge zum Thema „finden" regen zum Nachdenken, zum Träumen, zum Schmunzeln an; spannende Geschichten halten in Atem.